融合科學與人文的奇妙女性

林媽利醫師
回憶錄

上・十四歲時，長榮女中入學式，特地與媽媽拍紀念照。媽媽是影響林媽利最深、也深深折磨她的人。

下・1948年，在爸爸圍仔內的診所快安醫院外與父母親及弟弟合照。

林媽利從小就喜歡彈琴跟畫畫，也非常喜歡文學，一直想念中文系，後來卻走上了完全不同的道路。不過她卻不曾放棄過繪畫，還開了畫展。

1964年，高雄醫學院畢業大合照。當時只有兩棟校舍，孤零零地立在一片農田當中，沒有校門，沒有圍牆，看到這番景象，林媽利根本不知道該如何在此度過七年的大學生活，忍不住興起一種「不如歸去」的念頭。

上・1978年在美國的家門外，林媽利與兩個孩子合照。背後大大的房子裡其實空蕩蕩的，沒有什麼家具。在這裡一切都要從頭學起，自己種草、組合信箱、建築籬笆、釘書桌等，壓力大到讓林媽利的肺結核復發。

下・1980年在美國。每年林媽利都會帶兩個孩子去看花。當時孩子各有三件衣服，一天穿一件，洗了輪流穿。孩子回來說：「班上的小朋友說他都知道我明天會穿哪件衣服！」那幾件衣服林媽利至今還保留著。

1980年，與台大學生合照。
林媽利不只在輸血醫學上有卓越的貢獻，也教導了不少學生。

上・1984年，第一次參加國際輸血協會會議。後方是世界各國的輸血海報，右二為王秋華醫師。

下・林媽利四處參加國際會議，希望可以學到許多新的方法與知識，也可以得到更多的幫助。有一年，她甚至寫了一百多封信給世界各地的血液機構。

上‧與日本紅十字會血液中心的朋友聚餐。右為協助林媽利發展組織抗原的Juji教授，左為Mazda Toshio。

下‧在國際會議中，林媽利與各國與會人士合影。台灣的血液醫學能有先進國家的水準，是許多人的功勞。右一為Patricia Tippett，左一為Marion Reid，後排為Dr. & Mrs. Shimizu。

上・2004年，在瑞士日內瓦大學與日內瓦大學人類學教授Alicia Sanchez-Mazas（左一）及Roger Blench等合辦「從基因、語言及考古看東亞大陸及台灣島上人類的遷移」研討會，與參加研討會的俄國學者Ludmilla Osipova（左三）及挪威的Erika Hagelberg（右一）合照。

下・1991年，輸血學會年會邀請國際輸血學會會長Harold Gunson（左一）及其夫人（左三）、前會長G. Archer（右三）及日本輸血協會會長湯淺晉（右一）、前會長遠山博（右二）來台演講。與當時衛生署署長張博雅（右四）合影。

運動協會 高雄捐血中心
台東捐血站

右上・1991年，到台東捐血站評鑑。左一為衛生署石美春，左二為雍建輝，右二為王鏡山。

右下・1991年，捐血中心的評鑑。左二為李正華，左三為孫建峰，右一為衛生署蔡素玲，右三為高原祥。

左上・1990年，林媽利受邀參與中研院「台灣土著族群血緣關係」研究計畫，研究原住民的血型、進而探究族群間的親疏與來源。她花了許多時間，跑到不少到原住民部落去抽血。最後發表了「台灣人的血型與東南亞最接近，同是古代越族的後代」，引發來自各方的討論與爭辯。無論紛爭如何，林媽利做研究總有自己的堅持與獨特的醫學想像力。

上・1992年，在鮑博瑞家前與鮑家人合照。後排右起為鮑博瑞、他的父親、妹妹及母親；他前方則是太太徐倩。

下・1995年，與血庫同仁歡送鮑先生夫婦。

上・1998年，獲得「Helena Rubinstein獎」提名傑出女性科學家。攝於巴黎聯合國教科文組織外。

下・1999年，國際輸血學會西太平洋區大會首次在台灣舉辦。當時李登輝總統來參加開幕典禮。兩側分別是前後任國際輸血協會會長。

1995年，林媽利與郭惠二結婚後不久，攝於中山教會十字架前。
因為前一段婚姻讓林媽利的情緒長期處於沮喪狀態，直到遇見現在的夫婿郭惠二之後，所有問題都解決了。林媽利曾說：「神把最好的賞賜給我。」

上・與夫婿郭惠二合影。

下・與夫婿郭惠二在泰北的滿星疊與阿卡族婦女合照。

愛好文學的林媽利，2011年榮獲「巫永福文化評論獎」。

林媽利的畫。畫畫一直是她紓解壓力的方式。以前心情苦悶時，她就不停地畫。如今對她而言，畫畫變成興趣與喜好了。

右・林媽利與兩個孩子，左為大兒子暐濤，右為二兒子暐崧。

左・2017年，林媽利與兒子、媳婦、孫子與孫女一起拍攝全家福。

1986年，與鮑博瑞赴瑞典Lund參加第一屆國際血型單株抗體的會議，台灣血型的發現震撼國際。

目次

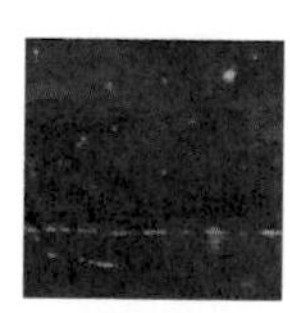

推薦序

喜悅的林媽利

Harold Gunson

我很高興能爲林媽利醫師的傳記寫序。我第一次遇到她是在一九九一年，當時她是台灣輸血學會的會長，邀我到台灣輸血學會的年會演講。

媽利在一九八一年自美國德州大學病理的訓練回台灣後，積極做檢驗醫學的工作，在一九八〇年代的後期，對輸血醫學發生了興趣，她的一百零八篇論文大都和輸血醫學有關。

媽利在一九九二年被選爲國際輸血學會爲期四年的理事，但四年後並沒有終止她對國際輸血學會的參與。一九九九年，她與台灣的同事在台北主辦了非常成功的西太平洋國際輸血學會大會。

媽利對台灣及國際的輸血醫學做了重要的貢獻，她現在是馬偕紀念醫院輸血醫學研究室的主任。

媽利有喜悅的個性，內人和我及她和她的夫婿惠二共度的夜晚將留在我們的記憶裡。

我很高興有本關於她的傳記，我肯定這本書將是很吸引人的書，而且不只在東南亞，在世界上許多國家，都有關心和敬愛媽利的朋友非常期待這本書。

◎本文作者為國際輸血學會前會長、英國輸血學會前會長

Foreword

It gives me great pleasure to write this Foreword for the biography of Dr.Marie Lin and to be able to pay her a personal tribute. I first met her in 1991 when she invited me to present a paper at the annual meeting of the Taiwan Society of Blood Transfusion of which, at that time, she was the President.

Marie has been active in Laboratory Medicine since her return to Taiwan in 1981 following a four year period spent in Texas, USA, for postgraduate training in Pathology. During the latter part of the 1980s she became interested in blood transfusion medicine and the majority of her 108 scientific publications relate to this specialty.

Marie was elected a Councillor of the International Society of Blood Transfusion（ISBT） in 1992, a post she held for four years. This was not the end of her involvement with the Society since she and her colleagues hosted a very successful Regional ISBT Congress in Taipei in 1999.

Marie Lin has made significant contributions to the practice of blood transfusion medicine both in Taiwan and internationally. She now holds a senior position in Blood Transfusion Research in the Mackay Memorial Hospital.

Marie has a delightful personality and an evening spent with her and her husband, Theodore, will live in the memories of my wife and I. I am pleased that she has a Biography. I am sure that this will be read with interest, not only in South-east Asia but, also, by her friends in many countries throughout the world where she is held in high regard and is respected.

Harold Gunson

推薦序

輸血醫學的拓荒者

遠山　博

我很高興、且很榮幸，爲我的朋友林媽利教授的書《林媽利醫師回憶錄》寫序文。林媽利教授是台灣血液事業的推動者，同時也是輸血醫學以及免疫血液學研究的拓荒者。

她的父親是著名的外科醫師，母親是日本人。小女孩時期曾經在日本母親的故鄉長大，一九四七年回到台灣，她想要繼承父親的事業，於一九六四年從高雄醫學院畢業，隨即考上台大病理研究所繼續深造，後留校任教。之後到美國德州大學 Galveston 分校留學，一九八一年底回國，並在台北市馬偕紀念醫院擔任檢驗科主任。

那時台灣的捐血系統才剛起步，一半以上的輸血來自買賣的血液，沒有台灣人血型的基本資料，大多數醫院血庫沒有輸血前的標準化試驗。

林教授非常熱中於解決問題，自己寫了許多研究論文，而且努力培訓及指導後輩。她從大學畢業後，開始有研究論文登載於國際的醫學雜誌，之後陸續發表達一百零八篇。最開始是臨床病例報告，繼之探討病理學的論文約十篇，以後就集中於有關免疫血液學和血型，包括台灣人的血型及血型抗體；ABO亞血型；新生兒溶血症；亞孟買血型；Rh血型的特色及評估輸血前常規試驗的需要性；台灣人配合試驗的簡化；Ii血型；Lewis血型（Le^a, Le^b）；Kell血型；米田堡（Miltenburger）血型；及提出其他與台灣人輸血相關並相當廣泛問題的寶貴報告。

後來，她的研究領域慢慢拓展到輸血後的各種感染症，例如輸血後肝炎的預防、組織抗原及血小板抗原系統的研究。而我深深感佩的一點是，她的研究論文大部分是親自寫的，且都刊載在世界上最具權威的雜誌，例如《Vox Sanguinis》、《Transfusion》、《Blood》和其他相關世界一流的雜誌。論文內容充實，有高品質，且林教授的英文能力又很好，文章簡明，使得她在國際上有很高的知名度。

對於林教授在SARS流行期間，在《BMC Medical Genetics》發表的〈冠狀病毒（SARS）和組織抗原（class I）的關聯〉（二〇〇三年四月）之論文，使我非常佩服和驚歎。SARS的重症病患有高頻率的HLA-B4601，特別是重症的六例當中五例爲

HLA-B4601。在統計學上有意義，就是重症的SARS病患和HLA-B4601有關聯。這種明晰的洞察力及果敢的行動讓我深深地感動。

她卓越的研究不但對台灣、且對於世界的輸血做了很大貢獻。對台灣來說，是推動台灣血液事業的發展，爲了輸血的安全，使作業標準化，而且致力血庫醫師及工作人員的培訓及在職訓練。她在台灣和國際的輸血學會擔任要職很久，對台灣及國際輸血醫學的發展做了很大貢獻。

台灣在一九九二年，成爲完全由捐血提供輸血的國家；日本則是一九六四年由總理大臣（相當於台灣的行政院長）宣布「今後應該廢止血液買賣的制度，改由日本紅十字會做爲捐血的推廣及中心」。一九六〇年代前後，日本賣血人出現貧血、盛行肝炎、道德淪喪，所以日本國民殷切地期望捐血制度的建立，但因日本政府對國民是否會眞的去捐血沒有多大的信心，所以遲遲沒有進行。但一九六四年六月，美國駐日大使Edwin Reischauer在美國大使館前被一個罹患精神病的日本青年以短刀行刺，傷及大腿，引發大出血而被送到醫院。在醫院急救過程中，大量輸了買賣來的血液，救回了他的生命；但正如醫療團隊擔心的，病癒後他得了輸血後肝炎，使日本政府大失面子，導致日本政府決心廢止血液買賣制度。一九六〇年，在日本東京舉行亞洲第一次的國際輸血學會，大會共來了兩百一十三位外國專家，其中有當時聞名的 P. L. Mollison、R. R. Race、P. Levine、J. J. Van Loghem 等人。當時的日本輸血醫學水準落後歐美很多年，在日本舉辦國際輸血大會的主要目的，是爲了刺激日本醫學向上。而我當時是大會的總幹事，被安排擔任招待 Van Loghem 教授。Van Loghem 教授當時是前任國際輸血學會會長，也是發現血小板抗原的學者。他問我：「爲何日本到現在還不做捐血？日本有幾位輸血專科醫師？有幾位輸血專業醫檢師？醫學院課程中有多少輸血課程？」而我當時無法答覆任何一個問題，羞愧到滿臉通紅，至今還記憶猶新。

三十六年後，一九九六年在日本召開的第二十四次國際輸血學會，使我有隔世的感覺和感慨。

林媽利教授是一九九○年到一九九六年擔任台灣輸血學會的會長，一九九二年到一九九六年擔任國際輸血學會的理事，並在一九九九年擔任第十屆國際輸血學會西太平洋區大會的主席。

她不但是非常博學的學者，爲人謙虛、可愛、美麗，也非常友善，在輸血醫學的領域被國內外學者所敬愛。

一九九一年十一月，在台北市舉辦的台灣輸血年會，我受邀參加。會後林教授安排我和來自澳洲的前任國際輸血學會會長 G. Archer、當時的國際輸血學會會長 Harold Gunson 一起坐飛機到台灣東部花蓮市一日遊。看到二千公尺高的斷崖絕壁，而歎爲天下之奇景，讓我畢生難忘。

林教授努力指導及教育後進，並完成中文的《輸血醫學》一書；她同時也喜歡畫畫，有職業畫家的素養。最後我由衷祝福敬愛的林媽利教授。

◎本文作者爲日本東京大學附屬醫院前輸血部教授、琦玉醫科大學總合醫療中心名譽所長、日本輸血學會名譽會長

自序

希望與感謝

林媽利

我希望這本書記錄著我們經歷過的急速變遷的年代。
希望記錄著這一代台灣人的快樂與悲哀。
希望我自己有限的人生經歷能帶給讀者一些啓發，甚至幫助。

我喜歡《聖經》詩篇六十六篇，以色列的詩歌：

上帝啊，祢磨練我們，祢考驗我們，像銀子經歷火的熬煉。
祢使我們掉進羅網，把重擔放在我們的背上。祢讓仇敵踐踏我們，
祢使我們經歷洪水與烈火，但現在把我們安置在豐饒之地。

在燦爛的晚霞裡，回首過去：

我感謝上帝。

感謝十六年台大病理研究所的訓練後，到馬偕醫院；那時，我不得不放棄病理，改做只學了兩年的檢驗工作。

感謝到檢驗科也是不得不做最冷門的血庫。那時的血庫只有一台冰箱，台灣人的資料更是缺乏。我只好從根本做起，建立了台灣的基本資料。

感謝在這血液科技急速推進的時代，有幸參與許多有意義的工作：輔導捐血系統及醫院的輸血；協助衛生署使血牛絕跡；發展及推廣適合於台灣的血庫作業……。

感謝四十四歲罹患癌症時，上帝回應了我的祈求，讓我繼續存活看著孩子長大。

感謝祂召喚鮑博瑞從英國來協助我，成爲我最好的同工，一起祈禱和交託，是多年輸血醫學拓荒工作中最大的支持和力量。

感謝在人生徬徨失意時賞賜我恵二，在他身上我看到上帝的形象，重拾對人的信心。

感謝引領日本紅十字會的 Juji 教授，幫助我們從事組織抗原的研究工作，從而引導我做台灣族群基因血緣的工作，溯源台灣，在台灣需要的時刻爲「台灣認同」做了基本的工作。

感謝在我即將結束醫學科學的工作時，爲我新開了一扇藝術美麗的門，讓我終於享受到我的最愛——「藝術的創作」。

感謝在惠二不愼跌倒昏迷近半年後，讓他甦醒過來，繼續陪伴我走人生的旅途。

感謝災難來臨時將我隱藏在祂翅膀的蔭下。

感謝祂的帶領及祝福，讓我有豐富的人生。

最後感謝給我這一生服務台灣的機會，感謝父母，感謝親友，感謝和我一起努力過的同事，也感謝曾經幫助過我的人和傷害過我的人。

作者序

一條幽微而清晰的命運路徑

劉湘吟

在《風中的波斯菊》出版（二〇〇四年）後的十幾年來，和林媽利醫生見過許多次面：陽明山上像住在森林裡的家，淡水能看到美麗彩霞和遼闊景致的家，在她的畫展……。她的笑容依然那麼溫暖、迷人，仍然在聰慧嫻雅中不失一份赤子般的率眞、頑皮；令我驚訝的是，年近八旬的她仍然在馬偕醫院工作，與一群工作同仁不斷有新的研究發現回饋給社會，還出版了另一本書——《我們流著不同的血液》；她仍然在抗病，但同時也在學習新的繪畫方式，甚至創作更多了，還開了個人畫展及受邀參展。實在難以想像一個人怎麼會有這麼豐沛的能量和生命力。本性更像是山谷中一朵不知名小花的她，此生的命運卻似乎是註定了迭宕起伏、豐富多變，就在晚年，她還經歷了一次非常大的挫折——讓她的身心備感疲憊、委屈的「噶瑪蘭口水事件」。

從單純的醫學研究被捲進政治爭端紛擾暴風圈，非她所願，但她也並不畏懼，因爲科學研究者只是憑事實說話；台灣人的來源到底是什麼？這關乎台灣人是誰、台灣這塊土地在歷史流轉中的獨特性，這是這塊土地上的人們認清自己的血緣、來處，以進一步審時度勢、展望未來的必要基礎。身爲林醫師回憶錄的執筆人，從這位可敬、可愛長者的一生中，似乎隱隱然看到一條命運的路徑：從年輕時父親名列「黑名單」、她不能提起爸爸、好像沒有爸爸，到台灣人普遍具有的恐懼成爲難民心態；從許多朋友、同事殫精竭慮一邊拿美國綠卡一邊在台灣工作，每次過海關時的心驚膽顫，到當了母親之後爲了讓小孩有更好的未來而讓兩個孩子留在美國，飽受母子分隔兩地的擔憂、自責、焦慮……。這許多的恐懼、擔憂、折磨，其癥結難道不是和「台灣人到底是誰」有關？

在《風中的波斯菊》出版十三年後，前衛出版社希望能新增這十幾年來的內容，再次出版這本曾經感動許多人、給予無數人力量的書，於是有了這本新版的《林媽利醫師回憶錄》。但願這本新版作品能讓更多讀者了解「台灣輸血醫學之母」林媽利醫師豐富的一生，和近幾十年來台灣建立起現代化輸血醫學系統的歷程，並在她豁達而智慧的生命觀中得到美麗的啓示。

序章

蜚聲國際的「台灣輸血醫學之母」

在北台灣的馬偕醫院有一個「輸血醫學研究中心」，是一個已有三十餘年歷史的研究團隊；說起這個實驗室，不單是在台灣醫界聲名斐然，在國際上也享有盛名。雖然一般人未必知悉這個研究團隊的歷史與作爲，但其實每一個人都在享受這個研究團隊的努力成果——包括台灣整個輸血作業系統的建立與健全、適合亞洲人輸血作業（Manual Polybrene，MP法）的推廣、台灣人血型基本資料的建立與研究、台灣人血型試劑單株抗體的開發、台灣首創研製組織抗原（HLA）測定劑（盤）……，甚至由HLA基因的比對，探索台灣人的源流與來處。

在社會上，這個研究團隊或許並未獲得與他們的成績、貢獻對等的名聲與榮耀，但這正是研究工作的天命與本色：默默耕耘、一步一腳印，與鎮日在媒體上呈現的光輝、速食、喧囂是完全不同的世界。但一個社會能夠正常地運行、不斷前進，卻是靠這些「在自己的崗位上認眞盡職」的無名英雄。

個子嬌小、氣質溫婉、總是微笑對人的林媽利醫師，是馬偕醫院「輸血醫學研究中心」的靈魂人物。她的一生，正是台灣輸血醫學歷史與血液政策的見證。台灣捐血政策的建立、輸血作業的步上正軌及血庫作業的評鑑、管制，使今天台灣的血液事業名列「已開發國家」之林，林媽利醫師居功厥偉。

對於台灣的血液事業，林媽利除了是個「勇於建言」的行動派之外，她同時也是位馳名國際的研究學者。數十年來，她投身亞洲人血型研究的寂寞領域，並獲得豐富成果，在國際著名的醫學雜誌發表了百篇論文，其中最爲人稱道的有：一直以來，台灣研習西方醫學的作業法，將Rh陰性與Rh陽性的輸血視爲禁忌，林媽利發現，台灣人並無Rh陰、陽性血型輸血的限制，不但去除無謂的篩檢過程，也救回許多受血型限制輸血的病患生命。她還發現米田堡血型（Miltenbergur）在亞洲輸血的重要，不只改善了台灣的輸血政策，也影響了東南亞及沿著太平洋的亞洲地區，他們紛紛學習台灣的輸血作業。現在米田堡血型是亞洲最重要且最熱門的血型。

她還研究出最適合台灣人的血庫作業（MP法），革新台灣原本所使用、簡陋且高危險的玻片鹽水法，也比引自歐美的抗球蛋白法更精確；作業時間由三十分鐘縮減爲三分鐘，每次成本由一百餘元降到一元不到，而且也不必再仰賴昂貴的進口試藥。目前，不但台灣使用MP法，新加坡、緬甸、馬來西亞、越南、寮國等東南亞國家及中國也跟進，MP法成爲最適合亞洲國家的血庫作業方法。

近年來，林媽利的研究重心由血液轉向研究人類族群起源的領域，她提出「台灣人不是中國北方漢族純種的後代，而屬於南方越族後代」的研究成果，更在泛政治的兩岸引起一片熱烈回響或抨擊撻伐。

由於卓越的研究成果，林媽利醫師不僅是國際輸血醫學界的知名人物，曾任國際輸血學會（ISBT）西太平洋區大會主席，最近二十幾年持續榮登《世界名人錄》（Who's Who in the World）；一九九八年獲聯合國教科文組織推薦，成爲台灣第一位獲得 Helena Rubinstein 獎提名的傑出女科學家。目前，林媽利醫師仍領導馬偕醫院「輸血醫學研究中心」從事各項研究工作，當然也包括近年來她特別感興趣的人類遺傳學及台灣族群血緣的來源研究領域。

在醫學研究工作上，林媽利醫師擁有令人尊崇的成績；然而在工作之外，她一生的故事更是豐富動人。或許每一個女人都是不平凡的，不曾放棄自己的女人，必定都擁有精彩深刻的生命故事。脫下白袍，林媽利醫師是女兒、妻子、母親，是文學、藝術的愛好者，是一位眞正的基督徒，也曾陷憂鬱之苦、與無數疾病交手……。看著如今眼前這位氣質溫婉、端莊中又似乎有點兒糊塗傻氣的女醫師，很難想像，她曾經歷過的人生，是會令人落淚、深深歎息的生命經歷。

行過冰冷幽谷，現在的林醫師，仍然擁有孩子般純眞的笑容——令人不由讚歎，這位年近八旬的女士，好美！

輯一

我的父親母親

前頁圖說／攝於日本福岡外公家。

前排左三是三歲的林媽利，旁邊是外公（吉武清太郎）；後排左一是抱著弟弟的媽媽，旁邊是阿姨及姨丈，前排則是他們的四個小孩。

台南有名的好醫生

「十幾年前，有一齣滿受歡迎的電視連續劇《阿扁與阿珍》，據說裡面講到台南市林外科醫院的醫生，那應該是我爸爸。我父親過世時，只留給我一支普通的舊手錶，其他什麼都沒有。他就是這樣子。許多人告訴我，我父親對病人非常好，病人沒錢也照樣看，看完病要回家還幫他們買車票……。」

媽利的父親林新振生於一九一一年，是高雄湖內「圍仔內」（現高雄市湖內區）的人。「我祖父開碾米廠，後來變成擁有四十五甲地的地主，據說他以前非常窮，連結婚時的一床棉被都是跟別人借的；我祖母林葉匏家裡倒是相當不錯。」媽利說：「我的長相、個性跟我祖母很像。我父親像我祖母，我像我父親。」

「我父親小時候也不怎麼乖，會賭博；有一天不知道怎麼的在長榮中學突然就覺醒了，開始認眞念書。」媽利的父親在台南長榮中學畢業後，赴日本東京就讀青山學院，認識了亦師亦友的莫逆之交——Dr. Donald Anderson。Anderson是美籍宣教士，兩人只相差一歲，後來Anderson在密西根大學成爲美國總統甘迺迪時期對台政策中心的主任，常有機會來台灣，兩人有一段時間每年一定見面。Anderson去世後，由於對日本的思念之情，遺囑要求將骨灰灑在夏威夷海邊，這樣骨灰會隨著海流飄向日本；媽利的父親去世時，遺囑也要求將骨灰的一半灑在Oahu島Kaena Point的夏威夷海，以追隨一生的恩師、好友（另一半與他的母親合葬）。

台南的長榮中學是有名的教會學校，媽利的父親就在念中學時成爲一個基督徒，並且希望能成爲一名宣教士。在日本求學時，由於家人的反對，加上Anderson也鼓勵他學醫，於是媽利的父親才在日本念醫學院。

「後來我才知道，我父親成爲基督徒後，不但影響整個家族都成爲基督徒，現在『圍仔內』有一個教會也是我們家族建立的。」二〇〇三年，媽利爲過世十年及二十年的父母親舉辦了一次紀念禮拜，「我請乾媽高慈美的弟弟高耀東牧師（也是高俊明牧師的堂哥）來做最後的祝禱。當時高牧師已經九十幾歲了，他還記得年輕時我父親在信仰方面對他的引導、督促。」高牧師年輕時喜歡打乒乓球，因此星期天沒有去做禮拜，「我父親訓他：乒乓球打得再好，如果你沒有信仰，有什麼用？」媽利笑了起來：「那一次的紀念禮拜，很感動……，然後我覺得：啊，好了，我又可以把他們兩個『歸檔』了。」

從沒讓病人痛過或害怕過的醫生

一九五一年，父親在台南開設的「林外科」醫院，是當時台南最有名的醫院之一，「我父親對一些疾病的治療有很獨特的看法，也可以說很有創意；譬如那時有人罹患阿米巴蟲（一種腸子的寄生蟲），會讓人拉肚子拉到出血，阿米巴蟲還會跑到肝臟，在肝臟形成一個很大的膿瘍，病人很痛苦，往往就這樣死去。早在一九五〇年代，在圍仔內的『快安醫院』時期，我父親就別出心裁自己想了個辦法：他用比較粗的針頭，把病人肝臟的膿抽出來。我還記得他用一個盆子，裝他抽出來的巧克力色的膿，我幫忙把這一盆的『膿』放消毒水、倒到廁所裡……，這樣病人就慢慢康復了。」父親晚年罹患攝護腺癌，有一次到醫院開刀，一個麻醉科的醫生用非常直接、粗魯的方式在橈動脈抽血，讓他痛得大叫！從此父親拒絕再上醫院。這位老醫生說：「我這一生，從來沒有讓病人害怕或痛過。」他沒想到現在的醫生是如此不體諒病人，「他說這樣的醫療他不要。」後來他果然沒再上過醫院，在家中過世。

父親也曾是當年國民黨政府的「黑名單」，被限制出入境、電話被監聽。「他是台灣意識很強的人。」媽利說，那個時代存活下來的台灣菁英都希望台灣能夠獨立。父親當年曾經做了些什麼事？媽利不清楚，也許爲了保護她，父親不曾和她談起這方面的事。只告訴她，如果有一天他失蹤了，要她拿一本書去美國大使館求援。

「他成爲黑名單之後，我就變成沒有父親。」媽利說：「在那個時代，我從來不敢跟別人提到父親。」即使後來台灣政權更替、改朝換代後，她也不曾想過把父親的事拿出來說，「這是他的過去，我現在說出來，只是表示：我還是有父親的。」

「我父親常鼓勵別人，說做人第一要有信仰，第二要有健康的身體，第三才是事業。」在當時身爲台南市最有名的外科醫師，「其實他一生可以賺很多錢，去買房子、土地……，但他好像從來沒想過這些事。他也總是對我們說：不要講錢，不要用錢來考量事情。」從小在家裡是不能講有關錢的事情的，也許由於這樣的家教，媽利一輩子都覺得錢不是值得努力追求的東西。就像已過了退休年齡的她，還是常常自掏腰包買機票到東南亞國家義務教導當地更進步、更簡便有效的血庫作業方法，「賺大錢」大概是她一輩子都不曾有過的念頭。

武士的後代、高雅的母親

相較於溫厚、個性相似的父親，母親就是深深影響她、卻也深深折磨她的人。「我這一生中碰到的最難應付的人是我媽媽。」媽利說。

母親是以堅忍及勇敢著名的「黑田武士」的吉武家族後代，在日本與父親相識、結婚，之後到台灣來。照著日本人傳統注重衣著的母親，是個自視很高、個性堅忍的人。高雅的母親，在家裡家事常有傭人代勞；重男輕女的母親，總是把好東西給弟弟；認爲女人必須要有工作能力的母親，一定要女兒念醫學院當女醫師，但又傳統地認爲女人一定要結婚生子，最好是嫁給醫師……，媽利的一生，和母親的期望緊密相連。「母親也疼我，但我要很乖、很聽話……。」

來自母親的壓力、挫折，對母親的依賴與眷戀，令媽利幾乎一生都在對母親的愛恨交織情感中浮沉。總是嫌她做得不夠好、總是不停要求她的母親，卻也是夜半從夢中驚醒時呼喊的名字。年少時期，由於父母感情不睦，媽利害怕「媽媽會跑掉、不見」，「每次回家看到媽媽在家，我就覺得放心了，心裡很踏實；媽媽在家裡，我就有安全感。我還是很感激她，在日本戰敗後，孤立無援的情形下，爲了兒女堅忍地在台灣待下來。」

輯二

多采多姿、苦樂交雜的成長時光

前頁圖說／林媽利從小就對文學很有興趣。

遷徙、戰亂的幼年

一九三八年，從日本學醫返台的年輕醫師，迎接他與日籍妻子的第二個孩子誕生——五月三十日，林媽利在宜蘭出生。那時父親爲了服務醫療非常欠缺的偏遠地區，在宜蘭開設「快安醫院」。媽利上有一個姐姐聆利，三年後多了個弟弟秀人，後來她又有了同父異母的兩個弟弟博松及安良。

上小學之前，媽利的生活經驗是在不同國度間遷徙的：三歲時，由於父親再度赴日本九州福岡的宮崎醫院學習外科，媽利一家人遷到日本；一九四三年，媽利五歲時，父親應邀到中國東北長春的醫院任副院長，一家人又遷往中國東北。九歲時又回到台灣。跨國的生活經驗，加上異國聯姻的父母，使媽利的家庭不像一般台灣家庭，「我的家庭基本上是日本家庭。」小時候媽利的母語是日語。

住在日本福岡鄉下外公家中的日子，媽利還記得「那裡有小溪、有稻田，黃昏很美」。她從小就是個很乖、很安靜的小女孩，日本外公常常會突然想起來，問：「咦，マリ子（媽利的日本名）到哪裡去了？」旁邊的人就說：「她不就跪坐在你旁邊嗎？」

還有一件事，是直到現在很多外公家的親戚還會提起的：有一次，三歲的媽利坐在外公家二樓的窗戶邊往外看，正是黃昏時分，遠處有人在燒稻草，紅霞漫天，田園美景，讓這個小女孩看呆了，嘴裡念著：「好美喔，好美喔！」竟整個人「撲通」摔下去，落在一樓的遮雨棚上。

她一生都喜歡及追逐美麗的事物。

五歲時，媽利跟著父母遷到中國東北，「我記得睡在炕上面，好熱喔！窗子外面積了很多雪。」父親喜歡吃一種台灣的肉餅，常常買回家，爲了防蟲，用籃子吊在天花板，「我記得我常趁他不在家時偷吃肉餅……。」說起童年往事媽利笑得很開心。除此之外，小媽利還是很乖的，常常幫媽媽看家、幫忙掃地、做些家務。

媽利的父親到東北，先是在吉林的醫院行醫，然後再到長春市和日本人合開「高橋外科病院」（現在的「人民醫院」），後來日本人走了，父親也打算回台灣，於是又找了一個滿州人當合夥人。一次那個滿州人向父親借醫師證書看，之後不但不歸還，還否認曾有這件事，個性耿直的父親簡直不敢相信這種事，更無法接受，從此對中國留下惡劣的印象。

在那個戰亂的年代，媽利仍有一些關於戰爭的記憶：「我還記得突然就有一堆騎著馬的蘇聯兵進來，有些人手臂上掛滿了搶來的手錶，他們沒有看過手錶。他們也性侵日本女人，所以日本女人都剃光頭，像男人一樣。那些蘇聯兵大概也沒看過自來水，聽說（我沒親眼看到，都躲起來了）他們把水龍頭摘下來，隨便套在一個地方又扭開，然後奇怪地說：水怎麼不出來？」

「俄國兵之後，再來是共產黨進來。我們發現那些兵穿的衣服不一樣了。不久發生槍戰，大家都躲在屋子裡，原來是國民黨和共產黨打起來了。後來國民黨敗退，不久我們就回來台灣。」

「當時從東北回台灣的都是難民，坐船。我們睡在甲板上。那時船上有一家人帶著一個小男孩，又剛生了一個小女娃，我還幫忙照顧，後來那個小男孩成了我高醫時代的學弟——黃石宗醫師。」那時舉家遷回台灣，染上肺結核的父親只帶了兩只藤箱，房子、家產都留在東北。「還記得那時從大連坐船回來，有一天經過山海關，聽到好多人在叫：山海關在那裡，大家快看啊！」不記得坐了多久的船，只記得船到上海，之後再到台灣基隆。

快樂的台灣小孩

從中國東北回台灣時，那年媽利正是要上小學的年紀，一家人回到父親的老家高雄湖內「圍仔內」住下。比起其他的人家，媽利家的家境不錯，「別人家吃番薯籤，我們家有白米飯可以吃。」開始上學了，小媽利有鞋穿，但因爲同學們都沒有穿鞋子，媽利不好意思，也跟著打赤腳。鄉下小孩玩得瘋，常常一堆小蘿蔔頭在田裡跑來跑去，總是有一群小朋友追著媽利叫她：「日本婆仔！」剛回台灣時，媽利只會說日語，所以念文賢國小二年級時，成績是全班倒數第一名；三年級時慢慢好轉，到小學畢業時，媽利是第二名。

童年的回憶是快樂的，這個很乖又很害羞的小女孩，也喜歡和小朋友們赤腳到處跑，一起到河裡「摸蛤仔」、捉魚，「我常常夢見那條河，夢見和一群小朋友手牽著手要過河。後來整條二層行溪（現在叫二仁溪）都被戴奧辛污染了，當時的二仁溪是秀麗的小溪。」烤番薯、灌蟋蟀，禮拜天和堂姐妹們走一個小時的田埂路去海埔做禮拜。

小媽利還負責每天挑水（那時沒有自來水，都是喝池塘裡的水；池塘裡養魚的水有種味道，所以要先過濾），在院子裡種了波斯菊（這是她一生最喜愛的花），美麗的花朵在高雄充足的陽光下盛開著，也養雞養鴨養狗，還養過颱風後一窩掉在地上的小麻雀，「牠們長大飛走之後還會回來看我呢！」那時的小學生都要學種菜，小媽利也有一手，高麗菜、茄子、小白菜、空心菜……都種得很好，「我也會種稻喔！」種菜要施肥，嚴清吉老師就訓練小學生們挑水肥，「我也常常夢見自己挑著水肥走路，戰戰兢兢，很怕摔跤讓糞水灑了一身。」南台灣炙熱的太陽把小媽利曬得黑黑的，英嘉堂哥又送她一個外號：「黑糖嫂仔」。

父親在老家開業，雇了一個少年當學徒（那時叫「藥局生」），「我還記得他叫『雄仔』，他就像我哥哥一樣，很疼我，颱風天漲大水的時候他會揹我去上學，中午幫我送便當到學校。」媽利家隔壁是一戶農家，有幾個男孩和一個女孩阿鸞，因爲要幫忙農務，他們沒有上學，「他們家養了很多隻牛，鄉下把水牛當成寶，每天晚上要睡覺前，就會聽到隔壁阿達哥哥們的歌聲；他們在唱歌給水牛聽，要那些水牛拉屎、尿尿，唱啊、唱啊……，我還記得那些黃昏很美，聽著他們的歌聲，還有牛的聲音。」

「童年最開心的事情就是看星星。」媽利從小就很喜歡看星星，那時住三合院，晚上媽利常常搬一條板凳到院子裡，躺在板凳上。「那時候沒什麼光害，星星好多好漂亮喔！到現在我還可以回憶起當時的景象。」

父親在東北時染上了肺結核，因肺積水產生膿瘍，病體虛弱，「他那時常常躺在院子裡曬太陽。」從日本學來的一種民間療法，說用毛巾擦身體有奇效，於是父親拜託小媽利每天幫他擦身體，用毛巾用力地擦全身，擦到全身皮膚發紅。這個工作對小女孩是吃力的差事，「每天早上醒來想到要幫爸爸擦身體就覺得好累喔！」但媽利還是把這份工作做得很好。幫爸爸擦身體擦到初中，之後父親的身體就一直很好，連感冒都沒有，還多活了四十多年。媽媽不會幫爸爸擦身體嗎？「我想她不太做吧！」媽利大笑起來。

小時候媽利也看過一些童話故事，《天方夜譚》裡的阿拉丁神燈，幫主人完成三個願望的神燈巨人，小媽利開始想自己的「三個願望」是什麼？「一個是我希望我們家地板底下全部都是冰淇淋，我隨時打開地板就可以挖冰淇淋吃！」（這應該是很多小孩子的願望。）「然後我希望父母親身體健康。」（嗯，果然是個很乖的小女孩。）「還有一個，我希望有最美麗的心。」（咦，不會吧？小孩子耶！）「現在回想起來，自己也覺得很奇怪，『美麗的心』，怎麼會有這樣的想法？自己也搞不清楚；大概是受白雪公主和睡美人故事的影響吧！」

接下來要透露一些「秘辛」，請大家不要笑這位已近八十歲的優雅女士。「我小時候肚子裡有很多蛔蟲、鉤蟲，也有頭蝨。」那時衛生條件差，幾乎每一個小孩都如此，「我記得在我把頭蝨傳給我弟弟之後，大人在我頭上噴了DDT、包起來。」也和那時候的小孩子一樣，「我也得過瘧疾、赤痢。」然後，「我還會尿床。」媽利大笑起來：「一直尿到上小學。」

變了樣的家

媽利的童年快樂時光，到五年級時變了樣。「我爸爸在外面有了另一個家，我媽媽每天哭，我也開始生病。」

家變後，家裡的氣氛變得很糟，母親非常生氣，常常哭，「我的母親說父親讓她非常沒有面子，她說在日本沒有人會娶姨太太，有些人頂多是出去逢場作戲，不會把外面的女人娶進來。我想我父親是比較負責任吧！」母親的哭、嚷著要離婚、要回日本，令媽利很害怕，哪天回家媽媽不在了。心情不好，身體也有反應，媽利一直咳嗽老是不好，咳得在家裡躺了一個月。

母親哭時，父親總是沉默以對，但他還是每天回家，「我不知道他什麼時候去另外一個家，大部分時間他還是在家裡。」雖然兩人到母親七十歲過世前兩年才辦好離婚，但夫妻的感情從此破裂，家裡的氣氛也好不起來。「有一次我父親跟我說，結婚要找一個適合的人，即使吃稀飯配鹽他都願意。他說他跟我媽媽合不來。」個性像父親的媽利很了解這一點，不過，「小時候我沒辦法原諒他，眞的諒解還是上大學之後。」

「淑女學校」的有趣生活

國小畢業後，再升初中要考試，媽利去考台南女中，沒考上，「那時候考了個智力測驗，龜兔賽跑走迷宮之類的，很簡單，只是我沒弄清楚這也是考試，所以沒作答。」媽利笑說：「我好像很笨似的。」

那時都是獨立招生，媽利又去考台南的長榮女中，這次沒有智力測驗，媽利的入學考試成績不錯，而且，由於父親是長榮中學校友，和長榮女中的劉主安校長、蕭仁慈教務主任是好朋友，也就放心地讓女兒離家去念書。

長榮女中是有百年以上歷史的教會學校，「校舍建築很漂亮，西方建築風格式的紅磚、拱門。」媽利住學校宿舍，室友們大多是牧師的女兒，她和張古美是好朋友，八個人一間，上下舖，晚上十點熄燈。「我們最怕舍監龔姑娘，有時候晚上想多看一會兒書，偷偷開了燈，一聽到舍監來查房了，就很緊張地把燈關掉。」那時候看些什麼書呢？「我們看一種叫『連環圖』的漫畫，都是租來的，小小一本，一頁一張圖，連串成一個故事。這個不能常常看，要偷偷看，因爲大人覺得這並不是很好的書。」還看《小婦人》、《簡愛》、《茵夢湖》、《少年維特的煩惱》等。

長榮女中也有「新娘學校」之稱，畢竟在那個年代，女孩子很少有受高等教育的，而且嫁做人婦、結婚生子是必然的人生。「長榮女中對學生的生活常規要求很高。」摺棉被、輪流洗碗、自己洗衣服這些不用說了，「衣服洗了還要漿、要熨。」要求多高呢？「衣服放在那裡會站起來！」

因爲是「淑女學校」，課業壓力不大，「但那裡英文教得很好，老師是加拿大及英國的宣教士劉姑娘（Ruth MacLeod）和梅姑娘（Moody Kathleen），她們很好，所以我們英文學得不錯。」當然也少不了家事課，媽利的縫紉是班上最好的，繡花、打毛線、做衣服、織桌巾……，媽利很喜歡做這些，她的作品常常拿到校外展覽，「其實我做衣服比做醫生適合，做衣服也比較有趣、有創意。」十幾年前媽利曾回台南找以前的家事課老師馬珍寶，那時馬老師已經八、九十歲了，「她一生教過那麼多學生，還記得我耶！她說她記得我的家事課做得非常好。她知道我後來做了醫生，很驚訝。」

長榮女中的學生們大多要學琴，但那時媽利不喜歡彈琴，常常找藉口不去上課。但總體而言，媽利很喜歡住宿的初中生活，放假有時會回家，但更喜歡的是找要好的同學，一起去做禮拜，或去東門圓環吃擔擔麵、米粉。

初二時，媽利家從「圍仔內」搬到台南市，父母親要她搬出宿舍、住家裡，她怎麼樣都不肯，「我覺得住宿舍很好玩。」

新鮮有趣的舊曆年

因爲媽利家是基督教家庭，母親又是日本人，「所以我們只過聖誕節、新曆年，從來沒有過舊曆年。在鄉下時，過年比較簡單，所以也沒有什麼特別的感覺。到了台南，哇！過舊曆年就不得了了，好熱鬧！」媽利到了台南才知道：原來大家要過舊曆年，而且還有「紅包」這種東西，「我這一生只拿到過一個紅包。」那是當年媽利的乾爸林天祐教授給的，「一千塊，那個紅包袋我到現在還留著。」媽利的家庭實在和一般的台灣家庭不太一樣，除了不過舊曆年，也不知道要過元宵節和端午節，「我一直到結婚之後才知道端午節要吃粽子。」到現在，媽利對傳統的節日仍不太有特殊的感覺，「我好像到了美國過他們的節日比較有親切感。」

搬到台南後有一次過年，媽媽說：「大家都穿新衣服，妳也應該穿新衣服。」於是媽媽改了一件藍色的衣服給媽利做新衣，「我穿上覺得好熱喔！毛呢的料子，台南二月熱得要死。」媽利笑了起來：「我記得我流了好多汗，穿著那件新衣站在街上看著別人走來走去，好熱鬧，我第一次看到那麼多人在街上走。」

林家搬到台南住的第一棟房子，在現今的關帝廟對面、萬福庵旁邊，「這棟房子年代和赤崁樓一樣老，建築風格也完全相同，閣樓、銅門……，就像《紅樓夢》裡形容的那種房子。」媽利一家人搬進去之後，才聽人家說那是台南著名的「鬼屋」，「沒有人敢買那棟房子，我父親因爲從鄉下來，不知情所以買了。」很多人問他們有沒有看到鬼？「傳說有好幾個人在這棟房子裡自殺過，他們說閣樓有一個、井裡有一個、廚房旁邊的房間有一個，可是我們全家都沒有人看過，我爸爸在那裡開業還很好呢！」「鬼屋」雖然沒讓媽利見到鬼，「但有件事我很不喜歡：半夜要去上廁所，我得從閣樓下來、穿過大廳，打開兩扇又厚又重又大的木門，到前面院子去上廁所。這我最不喜歡，會害怕，每次都是一邊走一邊念〈主的禱告文〉。」

因爲是老房子，所以也會有一些「老鄰居」，「有時候我會看到像蜜蜂一樣大的螞蟻，蜈蚣也是巨無霸的，好恐怖！」還好這些「老住戶」也不會去招惹媽利，彼此相安無事，後來也就不覺得怎麼樣了。

媽利一直很喜歡這棟老房子，「我一直拜託我父親不要拆掉這棟房子，內部整修改建，外部的樣子還是可以保留。那棟房子眞的很美。」後來父親把房子給了弟弟，因爲無人居住，有樹從房子裡長出來，弟弟說不得不拆掉。「後來我回台南，老房子已經夷為平地了，好可惜……。」曾經撿回一兩塊老房子的地磚回來做紀念、並鑲嵌在自己家裡地上的媽利不捨地感歎著。

愛吵愛鬧的北二女中智班

初中畢業後，原本父母、師長的意思是讓媽利直升長榮女中高中部，但想念大學的媽利並不這麼想，「長榮女中當時少有考取大學的，所以我就決定去考高中。」那時候「淑女學校」的同學也都想念大學嗎？「大家都想念大學，眞的採取行動的只有我。」媽利決定捨近求遠到台北考女中、不考台南女中的原因是：長榮女中的校長、教務主任是父親的好朋友，他們要媽利直升高中，既然媽利沒接受，也就不好意思念台南女中，「離得遠，就好像不那麼對不起人家。」小女生的邏輯有時候是七彎八拐的，「那時大家都想不通一個小女生怎麼會想那麼多？我就爲了這個理由跑到台北考女中。當時那個年代，沒有女生敢離開家那麼遠去念書。」家人不反對嗎？「他們說不過我啦！」看來，很乖的媽利也有很有主見的時候。

媽利考上了北二女中（現在的中山女中），開始另一個新階段的生活。北二女中沒有宿舍，媽利高中三年搬了好幾個地方，先是住萬華徐玉田醫師家（徐醫師是媽利父母的朋友），但那裡也住了一些別校的男學生，讓媽利覺得很不自在，所以搬了家。換了好幾個地方，後來就住在初三時數學家教老師師丈的三嬸婆家裡，「三嬸婆是客家人，沒有念過書，講話很大聲，但她很明理，對我很好，我常常有些事拜託她，她都會幫我做。因為我媽媽不在身邊嘛，而且我也不敢叫我媽媽做什麼事。」三嬸婆就像媽利的家人一樣，在媽利後來結婚、生子後還不時給予媽利幫助。

「北二女中的回憶就很好玩了，好多事情……。」媽利是班上唯一從南部來的學生，剛到台北時不會說國語（之前在南部都講台灣話），「她們都笑我。」那時北二女中有仁、義、禮、智四個班，照成績排，「我在智班，就是所謂的『放牛班』。」智班的學生是最活潑、最難管、最吵的，「我記得有一個三民主義老師，大家都很討厭他。」這班女學生就惡作劇把一桶水放在門上，把老師淋得一身濕，「每天班上都很吵，大家都不停地大聲講話。」

一個年輕的女孩到了陌生的環境，家人不在身邊，語言又不通，不久媽利犯了思鄉病，想回台南，高二時也真的辦了轉學回台南女中，但兩三天後又跑回台北，因為發現「和台南的同學合不來」。爲什麼？「是這樣，我們在台北上課進度比較快，回台南上課，我發現老師講的內容我之前在台北就上過了，就跟同學說：這個我上過了，下課後我可以講給你聽……，我常常很雞婆。」本來這不太像「文靜」、「很乖」的媽利的作風，但在北二女中活潑又吵鬧的班上待了一年後，媽利也變得活潑愛講話，父親還給她取了個綽號：「加拉加拉」（日文「喋喋不休」的意思）。媽利的無心之語，被同學認爲是看不起、侮辱她們，大家都覺得媽利很驕傲，甚至有一個台南女中的老師跟媽利的父親說：你女兒那麼驕傲，以後絕對不會成功。「我父親對那個老師的話很生氣，說：『怎麼可以這麼說一個學生？』」才回台南兩三天就鬧成這樣，「所以我又趕快跑回台北。」

回台北後，媽利有一陣子心情很不好，「對自己沒信心，一直在想是不是自己做人很差？」顯然媽利還是比較適合在北二女中吵吵鬧鬧的「智班」，跟著大家起鬨、大聲講話。

「初中快畢業的時候我變得很愛睡覺，這叫『嗜睡症』，所以很多課都沒有好好聽，都在睡覺。」這毛病到了高中更嚴重，「大概到了近六十歲才好吧！實在受不了，也不知道爲什麼會這樣？這種病現在有藥，以前沒有，所以我從高中就開始喝咖啡，一直到現在。很多人說：哇！妳好摩登喔，喝咖啡，而且是喝『黑咖啡』，不加糖也不加奶精。其實我很多時候是把咖啡當藥喝，不得不喝，因爲我想睡得要命。」喝咖啡喝了幾十年的媽利，從咖啡粉喝到用沖的、用泡的、用煮的……，「過去我很少覺得喝咖啡是享受。」

因此，看起來乖乖的又愛睡覺的媽利，在北二女中時同學周志輝給她起了個綽號叫「睡貓」。

媽利的那些同學會鬧又會念書，「那時我也很用功，那三年就是用功念考試的書。」念課外書籍的時間很少，「幾乎都是考試過後才能好好讀些小說。」高中時媽利念《紅樓夢》，也念叔本華、老莊，「我老覺得書看得不夠，我想要看更多！我在想，我這一生總是覺得時間不夠。」

想讀中文系的愛作夢女生

高中時，國文是媽利最喜歡的科目，媽利一直想念中文系。當年媽利的國文老師是馳名國際的中國詩詞研究者葉嘉瑩教授，「葉老師教了我們兩年半國文，也看我們的日記看了兩年半。」那時日記一定要用毛筆寫，天天要寫，葉老師也會給評語，「她那時在台大當講師，想教女中的學生，就到北二女中來教。但她教的不是成績最好的學生，而是我們這個『放牛班』。」媽利笑了起來：「她也很喜歡我們這個班。每次上課她會把詩詞寫在黑板上，我們就在底下抄，回去就背。我那時背了好多詩詞，那些詩詞都好美！我還記得她最喜歡辛棄疾的詞。」因爲葉老師的影響，媽利念了三遍《紅樓夢》。

媽利對文學的喜愛，葉老師也注意到了，「她喜歡我。我記得我到她家去玩，那是一棟日式宿舍，牆上掛著她的結婚照，好美喔！眞的好美。」

高二升高三要分組前，媽利跟父母說想念文學，「他們覺得這件事不得了！派了好多人來勸我，叫我一定要念醫學院。」爸媽爲了這件事也上來台北好幾次，甚至這麼跟女兒說：「如果你一定要讀文科，我們以後就不再支持你了。」

眼看有點僵持不下，媽利的母親動了一下腦筋，這麼勸媽利：「這樣好了，你先念醫學院，再去念文學院。」這麼半哄半騙，「我就中計了。」媽利以爲眞的可以念了醫學院再念文學院，這樣既不讓父母失望，又可兼顧自己的理想，少女媽利以爲這是最好的方式。「其實媽媽要我念醫學，我是招架不住的，因爲她隻身在台，而爸爸在外面還有另外一個家。」

「我記得葉老師曾經問我們：將來妳們要做什麼呢？她建議我們可以當醫師。爲什麼？她覺得當醫師可以樓下開業、樓上是家，工作、家庭可以兼顧，說不定我念醫學院也是受了她這番話影響。」媽利說：「其實外人看起來女醫師似乎可以兼顧工作和家庭，但眞正的實情是：女醫師常常是忙得昏頭轉向、焦頭爛額，哪裡有辦法好好照顧家？還是需要很多人幫助她。」做爲一個辛勞了數十年、在工作的責任感與對孩子的愧疚感中掙扎數十年的女醫師，媽利有許多感慨；直到現在，媽利還常爲女醫師的基本權益發聲、請命。

放棄了最愛的文學，數十年來，媽利常常氣母親，但後來她說：「我不該把所有責任推給她，我自己也沒有堅持啊！我也有錯。」媽利爲多年來對母親的怨懟誠心懺悔。

十六、七歲正是花樣年華，外貌十分秀麗的媽利也有追求者，住三嬸婆家時，對面有一個法律系的男生很喜歡媽利，寫情書給她，「我都寄還給他，因爲……我知道我父母親一定要我嫁醫生，所以我希望他最好不要來找我，不可能的。」

也就在高中時，媽利初識現在的夫婿——曾於一九九六年獲得醫療奉獻獎的郭惠二教授。「高一時住萬華，都去中山教會做禮拜，他是中山教會郭馬西牧師的兒子。」那時郭惠二在教會司琴，媽利是唱詩班的，媽利對他的印象是：「高高的，好像很注意我，也寫過信給我。」但那個時代，「男女授受不親啊，我沒跟他講過話。」少年時的郭惠二對媽利十分鍾情，一直要到四十年後媽利才知道：當時那個少年每晚都極其熱切地向上帝祈求，求主答應讓媽利成爲他的伴侶，如此持續了兩年之久，終於有一天在禱告時，聽到主用很遺憾的聲音答應了他的祈求。在數十年後，這段少年時的愛情，在兩人都各自經歷了大部分的人生、鬢髮斑白時，眞正地開花結果。

曲折的信仰路途

在台北念高中時，媽利很少去教會，一方面是被中國文學、老莊的世界深深吸引；另一方面是因目睹教會內的攻擊與分裂，令年少純粹的心難以接受。「中山教會的郭馬西牧師一九二五年念當時世界最有名的美國哥倫比亞大學，是台灣第一位成爲神學博士學位候選人的牧師。他是台灣第一代牧師的兒子，家裡很窮，是台灣的加拿大宣教會送他到日本念神學院；後來他考上美國政府送給日本的八十個名額獎學金才去美國。他是一位非常好、非常有信心的傳道人。他並不富有，可以說很窮，爲了傳福音付出很大的代價。他在美國七年、在日本前後共二十一年，戰後回台灣；有人要他去教英文賺錢貼補家用、改善家裡的經濟，他不願意。他說教英文會浪費他的時間，對傳福音沒有幫助。他就是這樣有原則、而且堅守原則的人。」那時教會裡有些長老攻擊郭馬西牧師，「我記得最後一次去做禮拜，看到郭牧師站在那裡，覺得他好孤單……。」之後媽利沒有再去教會，大學時代也沒去，到人生後來的階段才又回到教會。媽利感歎：「信仰的路途是多變、不平穩的；

一個人信仰的成長常常不容易。」

高一時，媽利家搬到台南的赤崁街，媽利的父親也成爲台南最有名的外科醫生。一九五二年，家裡花費了足可買一棟樓房的價錢，買了名琴 Steinway 鋼琴（當時台灣只進口兩台），希望調教出有教養的孩子。「記得有一年聖誕節我們家還開了一個音樂會。」後來著名的歌唱家辛永秀是媽利姐姐的同學，「她來我家的音樂會唱歌，由後來成爲鋼琴家的陳美滿彈琴，我爸爸還叫人烤了一隻火雞，眞的很像在美國！我想是我父親那位好朋友 Anderson 對他的影響太大了。我們家的生活就是這樣子，有點像西方家庭。」

輯三

步上習醫之路

前頁圖說／林媽利在醫學院的求學過程也是充滿艱辛。

讀高雄醫學院的抑鬱女生

在父母親的期望下，高中畢業時媽利以考取醫學院爲目標。因爲作文幾乎零分，她沒有考上台大醫學院。怎麼會作文幾乎零分？「對啊，我竟然寫不出來。」媽利說，作文題目她已經不記得了，「要我在幾十分鐘、很緊迫的情形下寫，我寫不出來。」差五分沒進台大醫科的媽利，因此到了高雄醫學院，「整個命運就改變了。」

「我們那一年畢業的北二女中學生大部分都考取台大，只有我考取高雄醫學院、跑到南部去。」媽利又成了異鄉人。離開了老同學心情已經不好，到了高醫一看，「我發現我是在一個沙漠裡面，眞的是……文化沙漠。」在台北時一群女生每天吱吱喳喳談文學，彷彿突然空降到沙漠，「什麼都沒有。高醫那時候只有兩棟校舍，坐落於一大片農田中，只有牛車偶爾從門口經過。」媽利拿出當年高醫的同學黃名揚醫師所寫的文章，「他描述當年我們這些『新鮮人』到高醫報到後的心情，寫得很好喔，眞的就是這樣。」文章是這麼寫的：「幸運地進入高醫之後，便開始七年的醫學生生涯，也正式成爲高醫第五屆的學生。懷著興奮的心情，坐火車到高雄註冊。在高雄下車之後，一路打聽，總算找到了高醫。當時高醫只有兩棟樓房，孤零零地立在田間，沒有校門，也沒有圍牆，與外界則以羊腸小徑相連。這樣的景象，令人一時之間無法想像要如何在這個地方度過七年的學生生活。許多同期註冊的新生，亦面無表情，失落地坐在階梯邊，心裡開始興起一股『不如歸去』的念頭……。」

非常失望的媽利，不知道該怎麼辦？大一開始，媽媽叫媽利練琴，媽利就把注意力轉到鋼琴上。「我記得有一年暑假我每天練，從早彈到晚，十幾個鐘頭，隔壁的鄰居都受不了：媽利，嘜擱彈，阮要睏啊！」媽利笑：「我彈的都是很大的曲子，像貝多芬的《悲愴奏鳴曲》，我彈得最拿手的是貝多芬的《送喪奏鳴曲》，我想我一定是非常沮喪，才能把那個曲子彈得非常好。」媽利把心裡的鬱悶投射在鋼琴上，在大六時還曾演奏過蕭邦的《幻想即興曲》。媽利的鋼琴老師是有名的管風琴家周慶淵，他很欣賞媽利的詮釋，尤其是她彈蕭邦的《雨滴》，可以媲美名演奏家，甚至要她去考藝術系。談起當年，媽利感歎：「我眞的不知道醫學院的日子要怎麼過下去？」

讀書、畫畫、彈琴、文學院

當時高醫院長是杜聰明教授，是媽利非常喜歡、敬重的老師，「他是台灣第一位醫學博士，也是偉大的醫學教育家，一生從事醫學研究及教育工作，在當時困頓的環境下依然執著；他在醫學方面的成就，台灣無人出其右。」媽利說：「他總是說：『樂學至上，研究第一』，我常常說我是中他這句話的毒了。」對於大多數學醫者通常成爲臨床醫師，媽利總覺得從事研究工作是最了不起的，「這個恐怕還是受了杜聰明院長的影響。」

除了彈琴，在沮喪的醫學院生涯中，媽利也開始畫畫，「那時候杜聰明院長說：一個醫生必須要懂藝術、哲學、文學、宗教……，所以他請了當時南部最有名的藝術家劉啓祥（台灣第一個赴法國學印象派的畫家）到高醫開了『星期六畫會』。」每週六下午，媽利就去上繪畫課，「本來我就喜歡畫畫，但之前不是畫得特別好；大學時劉老師教我繪畫的基本技法，後來老師認爲我的畫非常好，他說我的畫裡面有音樂。」媽利在畫社認識了李憓理、藍碧貴兩個好朋友，三個人常一起畫畫。高醫將畢業前夕，幾個劉老師的學生還一起開了個畫展。「我第一幅畫畫得很好喔，」媽利說：「那時雄獅畫社想買我的畫當他們的廣告，我說不想賣。後來那張畫被我弟弟丟掉了，早知道賣了就好了。」現在媽利還畫畫，在她的辦公室、家中都可見到她的畫作。

自認是「畫畫的人」的媽利，有時也和同學到老師家畫畫，和劉老師一家人處得很好，就像和鋼琴老師一家人的關係一樣。高醫的日子，「我好像就是這樣子過：晚上練完鋼琴回來，不是念書就是畫畫，要考試了就念念書去應付考試。」但也沒忘記最愛的文學，再念一遍《紅樓夢》之外，《約翰・克里斯多夫》、《復活》、《戰爭與和平》……。還有，「把所有莎士比亞的戲劇都念完了，然後背它的英文台詞；幾個戲劇如《羅密歐與茱麗葉》的台詞我都可以背出來喔！」

高醫沒有宿舍，學生都在附近找房子住，或許是心情不安的反映，「大學七年我搬了七個地方。」媽利那一班五十個學生中，只有三個女生，「我很懷念北二女中的時光，大家可以嘰哩呱啦講話、大吵大鬧！」班上男生應該很活潑、很吵吧？「會吵，會開我們女生的玩笑啊！」那時是男女授受不親的時代，「我們要很正經、裝正經，」媽利笑：「不然怎麼辦？」

大學時期，媽利沒上教堂、做禮拜，倒是去聽佛經、住禪寺——「我有一個藥學系的好朋友呂富枝，她是佛教徒，後來我和她住在一起。有時我會到台中去找她，跟她一起吃素，去上課聽佛經。」大二的暑假，媽利到台南關仔嶺的碧雲寺住了兩個月。怎麼會想去寺裡住？「書念得很煩……。」醫學院念得那麼不快樂，就沒有想過做什麼改變或決定嗎？「不可能改變啊，那不是要讓很多人傷心？」媽利最顧念的還是父母，「我就是不想讓我媽媽傷心，我要讓她覺得我是她的驕傲。」

雖然醫學院念得那麼痛苦，可是，「該念的我還是念，而且我成績不錯喔！」媽利笑說。醫學院的功課重不重？「那時高醫才剛建校不久，我想幾十年前念醫科和現在一定差很多，現在難念多了；那時要念的範圍沒有那麼廣，所以像我這樣愛睡覺（別忘了「睡貓」的嗜睡症到近六十歲才好）、又很不想念的，還是可以念得不錯。」醫學領域裡的精神科是媽利最感興趣的，「我把圖書館裡所有精神科、心理學的書全看完了，是自己主動念的，精神科的書我念得很多喔！」

罹患「再生不良性貧血」

大四時，媽利得了一種病叫「再生不良性貧血」，之後併發肝炎，肝臟功能受損而使血液無法凝固，「我的膝蓋一走路就會內出血。」需要大量輸血，在捐血系統尚未建立（醫院大多是用「血牛」的血）的當時，媽利是靠許多高醫師生捐血給她，如謝獻臣老師、林竹信、張簡俊一、陳欽明、王啓釧、林梅甫等同學，這份恩情也成爲日後她投身輸血醫學研究領域的最初緣起。

生病後，父親把媽利接回家，住院一個月，在家休養了半年。休學的那段時間，同學間傳言媽利已經死了，「因爲是很奇怪的病，血無法凝固，他們說我得了白血病。」有些同學跑到媽利家看她，很驚訝：她還活著！

爲什麼會得這麼病？「不知道耶……。」媽利說：「可能與心情不好有關吧！」

病情好轉後復學的媽利，原本應該再念四年級，但因爲媽利實在是很好的學生，院長特准她升五年級。

之後，由於走路仍不太方便，媽利就住在離學校很近的操場旁邊。「那段時間我沒辦法騎腳踏車，因爲腳是跛的，跛了很久；而且因爲吃類固醇，臉圓得像月亮一樣。」

高醫時期還有一位林文士人老師，也是媽利和許多同學喜歡、崇拜的老師。這位老師「菸抽得一塌糊塗，所以呢，我好像爲了對父母表示抗議，我也曾抽過菸，雖然我並不喜歡；而且我只在家裡抽給父母看。」

醫學院苦悶的日子，媽利有日記爲憑。一九六四年（高醫畢業那一年）三月七日：「時間過得眞快，好多次我都想提筆重寫日記，但就是中斷了。也許我不想把這一大堆苦惱、憂鬱、徬徨的感覺留下痕跡。我盡量把自己鑽到書裡面去，至少我可以變成書蟲。除此之外，我還有什麼更好的生活方式呢？我不敢再去碰這些讓我煩的事情，不想再去想，我相信時間會解決一切。我有說不出的疲憊，只想讓自己好好去睡一覺。」一個正當青春年華的女孩，卻擔負這麼重的憂鬱、愁苦。這不安、憂鬱的感覺，幾乎跟了媽利大半輩子。

在苦悶的高醫時期，也有著美好回憶。畫社的好朋友李憓理很喜歡爬山，「我常常和她一起去爬山，差不多南部的山都爬遍了。」有一回兩個女生爬了山下來滿身是汗，看到一池水潭，媽利說：「噯，我們下去游泳吧！」兩個女生衣服也不換就跳下去游泳，然後穿著一身濕衣服坐公車回學校，親友們都覺得這麼瘋狂的事不像媽利的作風，所以後來聽媽利說起這件事都嚇了一跳，但其實她的血液裡有這樣的因子。

幼年時在從東北回台灣的船上照顧過的小男孩，在媽利大五時成了她高醫的學弟，生病復學後，住在操場旁邊的媽利和小學弟（黃石宗）成了隔壁鄰居，小學弟除了常當媽利的「跑腿」外，幾個人也常一起爬山、跑跑操場，晚上在操場上看星星、聊天……。「有一個景象我到現在還是很懷念：有個晚上，我、黃石宗和他妹妹，三個人在月光下走一段關仔嶺的山路，那晚的月光眞的好美！我才了解，爲什麼貝多芬可以寫出《月光曲》這樣的作品，眞的太美了。」迷戀上月夜的美，媽利之後一個人晚上也想跑出去，但因爲曾有一次獨自騎腳踏車被陌生人追逐的可怕經驗，媽利要弟弟把衣服、帽子寄來，「我就穿上男生的衣服，自己騎腳踏車出去夜遊。」

大三、大四時，媽利和呂富枝是室友，常去呂家玩，「我最喜歡她家自釀的李子酒，好好喝喔！」媽利多次和呂富枝與呂家伯父伯母一邊聊天、一邊喝李子酒，「常常不知不覺就喝了很多。」酒喝多了不會醉嗎？「不會醉。」媽利是很謙抑的人，她這項天賦異稟的特異功能絕對會令許多人驚歎、嫉妒、尖叫，但她每次總是淡淡提過就算了：她喝酒，從——來——不——會——醉。「大學時好幾次一些男同學要找我拚酒，每次都是他們醉倒了，我一點事都沒有。」媽利這一生，喜歡喝點小酒，但從來不曾醉過。

悔婚，到台北念病理

窈窕淑女，自然有許多男生喜歡，從高中到大學，媽利一直緊閉心門，除了當時保守的社會風氣和媽利本身的個性外，最主要的原因或許還是她的「心結」。高醫時班上也有幾個男生對媽利頗有好感，但媽利都躲開、跑掉了，「這和我家裡的背景很有關係。我父母親讓我後來對婚姻感到害怕。」念醫科也和這脫不了關係，母親常常跟媽利說：「妳一定要念醫科，妳看我，和先生不合，無法出去過獨立的生活；妳如果念醫科、當醫生，如果和先生合不來，妳也可以靠妳自己。」雖然對婚姻有如此強烈的不安全感，但媽媽還是認爲一定要結婚，「就是失敗也要結婚。」由於父母親不和諧的婚姻關係與家庭氣氛，「每次我遇到感情的事情，就會很害怕、會逃掉。」

大五時，透過介紹媽利認識了一個學長，對方的父親也是醫生，算是門當戶對，媽利的父母也很中意，於是媽利和對方訂了婚，但後來……「我還是逃掉了。」幾個月後媽利毀了婚約。「我想我還是很不安吧！後來恐懼好像勝於一切，我就臨陣脫逃。」

媽利悔婚並沒有得到父母的支持，母親尤其不諒解媽利，媽利自己也覺得很丟臉、難過，父親則是一直很不了解，「他說我那些男同學都很好，我也和他們處得挺好，爲什麼我不跟他們交往？他一直不了解。」

悔婚之後的媽利，爲了躲避困窘難受的情境，於是想：「趕快跑到台北念書算了！」那時林文士人老師曾問媽利要不要考台大病理研究所？「我就想，大四時生病，病理也沒好好念，乾脆就去念一年病理看看吧！」媽利打算一年後要到美國。

原本媽利想走內科，五年級到彰化基督教醫院實習，曾經在埔里愛蘭醫院工作一個月，媽利很喜歡在山裡、住在竹筒做的房子裡的鄉村生活，喜歡早上醒來發現自己睡在雲海裡的感覺，所以當時她希望學內科，將來可以當宣教師，到偏遠地區服務。但高醫當時僅有四個內科名額，陳章義老師說已預留給去服兵役的學長了。本來媽利最有興趣的是精神科，但到高雄療養院實習的經驗讓她打了退堂鼓：「晚上值班，病人就在外面走來走去，會來敲你的門，我就發現我實在很脆弱，我沒辦法馴服這樣的人，如果他抓我、攻擊我的話，我一點辦法也沒有。那時精神科不像現在，有這麼多藥物可以用於治療病患，對病人的心理分析、心理輔導也較缺乏。我媽媽就一直跟我說：學精神科多危險啊！如果病人發瘋，妳怎麼辦？」那次實習之後，媽利無法反駁媽媽的顧慮，自己也覺得不合適。

內科、精神科都不成，父親原本希望媽利學婦產科，但媽利在高醫最討厭的就是教婦產科的老師，連帶對婦產科也沒有好感；加上有過一次婦產科接生的實習經驗後，得到的結果就是：「我不想當婦產科醫生。」那次羊水的惡劣氣味更使媽利堅定不走婦產科的決心。

就這樣，高醫畢業時的媽利，除了聽林文士人老師的建議到台北念病理研究所之外，似乎沒有更好的選擇了，「那時我很孤立，而且我還是喜歡到台北去，北二女中時快樂的回憶也是影響我做這個決定的因素。」

回首當年，媽利說：「其實那時並沒有很清楚的想法或堅定的意志，只因爲我崇拜的林老師要我去考病理研究所，我就去了；而且原本我打算一年後要出國，所以想去念個一年沒有關係。」只是，命運的變化往往是超出計畫的。

輯四

暗無天日的女醫師生活

前頁圖說／林嫣利與兩個孩子。孩子一直是支持她不斷努力下去的最大動力。

愛文學的女生變成「女巫」

什麼是「病理科」？對一般人而言，即使常上醫院，也未必熟悉所謂的「病理科」。病理科是醫學界中一個特別的領域，其他科別都是要接觸病人、直接治療病人，病理科卻是研究疾病的原理，在過去主要研究人體切下來之後的組織，研究其細胞、病變等。「那時沒有超音波，只有X光，所以臨床很容易有診斷錯誤的情形發生。」病理的診斷可以評估臨床的診斷是否正確及手術的品質，也像是每一次醫療行爲後的總審判。

既然念病理，就少不了做解剖。「有時候他們送給你一隻腿，你就要在那隻腿病變的部位切；有時候送給你一隻手啊、整塊胃啦，屍體解剖的話連腦袋也要拿下來。」事隔多年，媽利還是說：「不舒服！」

到台大病理研究所後，做完第一個解剖，媽利簡直無法接受這樣的自己，「我覺得自己變成童話中的女巫一樣，巫婆！」一個原本喜歡作夢、喜歡詩詞的年輕女子，卻要去解剖一具還在流血的屍體，落差實在太大。但媽利努力把極度不舒服的感覺壓下去，「我告訴自己，這是爲了學問，爲了眞理，是很偉大的工作！」

在病理研究所念書的三年，可說是媽利一生中最窮、最寂寞的日子。「剛到台北時，發現台北好冷喔！我就寫了一封信給父母，拜託他們寄一百五十塊給我，我要買一條黑長褲，我去看過了，要一百五十塊。」那時是一九六四年。媽利寫了三封信，仍然買不了長褲，「那年冬天非常冷。」那時研究生一個月有四百塊津貼，「吃飯就差不多了。我最怕人家結婚，那時台大醫學院的女生宿舍裡住了一堆和我同年齡的，先先後後都要結婚，我就很害怕接到紅帖，我哪裡有錢？一個紅包就去掉一半的津貼。」就連住的地方也是乾爸（台大外科教授林天祐）想辦法讓她住進台大女生宿舍，「因爲我是高醫畢業的，我應該住哪裡？沒有人知道。」乾爸夫婦很照顧媽利，「有時候林太太會叫我到她家去吃飯，因爲她發現我吃得不好。」媽利也常常收到林太太送給她的、她家親戚從菲律賓寄來的衣服。「那時候菲律賓過得很好耶！我們都穿他們穿過的衣服。我那個年代就是這樣，我最漂亮的衣服是他們從菲律賓寄來的。」乾爸夫婦的女兒那時在日本念書，有些不穿的衣服也會寄回來，「也就送給我啦！」

四百塊過不下去，媽利去找當時病理研究所的所長葉曙教授商量，第二年起媽利兼做助教，這樣才把研究所的生活過下來。「我看我那時寫的信，很多時候都是朋友寄錢給我，過一陣子我又把錢寄還。」那時以前高醫的好朋友藍碧貴、李憓理都開始就業、有收入了，「頭一年就是靠人家接濟過生活。」那陣子媽利變得很瘦，體重只有三十九公斤，但書還是努力念。是什麼力量可以讓一個人一直忍受自己並不喜歡的環境而仍努力不懈？「我還是覺得不能夠逃避啊！我好像常常是這樣子，做事情總要有始有終，即使一開始認爲是錯誤的，還是做下去。」那段日子很徬徨，不知道自己的生命是幹嘛的？「楊天和醫師給我看了很多基督教無教會主義的書，所以我還是禱告，我告訴上帝：祢要我怎麼樣？祢來救我！那時日記裡常常這樣寫。」

又是苦悶的日子。媽利在周遭關心她的師友的建議下，加入繪畫社團，認識了第一任丈夫；從此，命運又轉了一個大彎，原本打算念一年書就出國的計畫改變了，結婚、生子後的媽利，在台大病理科竟然一待就是十幾年。

剛到病理研究所時，讓很多人害怕的葉曙所長對媽利說：「妳要來學病理？不要以爲妳是女生，就可以特別優待。」所以媽利和男生一樣抬屍體，什麼都做。在台大病理科十幾年的日子裡，媽利最怕葉曙教授，因爲她記性不好，從小一直以健忘聞名，常惹葉曙不高興，「我記得他有一次說我是故意讓事情不完整、不完美。還有一次他說：『我看妳的中文，狗屁不通！』」媽利笑說：「所有的人都怕他。每次他在這裡叫人，走廊另一頭、樓下都聽得到。」那時病理科有三位副教授，林文士人、陳定堯及陳海清副教授，是葉曙底下的三員大將，葉曙在研究室看片子時常常突然大聲叫喚他們的名字，三位身形福泰的大將都是忙不迭地跑過去，旁人就說：不知道這次誰要挨罵。媽利說：「那時候是尊師重道、長幼有序，眞的和現在很不一樣。」

婚姻工作兩頭燒

媽利到台大病理研究所的第一年，就在台大醫學院的繪畫社團「綠野社」認識了第一任丈夫朱樹勳醫師。「他就是追得很緊啦！」兩、三年後（一九六七年初），媽利和朱醫師結了婚。媽利說：「我想我跟他結婚是錯誤的。當時如果我在南部，有親友支持的話，我想我不會跟他結婚。很多人反對我和他結婚。」婚後由於先生的要求，媽利沒有照計畫去美國，「後來想一想，如果沒有跟他結婚，我絕對不會做病理，不會那樣熬下去……。」

婚後一年媽利隨即當了媽媽。忙碌的工作，使她在生大兒子暐濤的前一天還在做解剖、抬屍體，「都吃不下飯，覺得很累。」那陣子病理科正在忙著開病理學會，「葉曙就說：林媽利醫師『臨陣生產』，大家就笑得要命。」媽利說：「反正他們覺得女生很麻煩，還要生小孩。我們已經一個人做三、四個人的工作量了，他們還是覺得請產假不應該。」坐月子時，天天有人來催媽利：要不要來上班了？老大出生時才兩千兩百多公克，媽利很擔心，但又不能時時照顧小孩子，「我覺得很虧欠小孩，非常虧欠。」還好兒子後來養得很好，白白胖胖。

次年，媽利的老二暐崧也出世，媽利說：「哎呀！一個女人有了小孩就被判無期徒刑了。」媽利就像現在的職業婦女般，白天請傭人或保母照顧孩子（媽媽有時也會來幫忙），晚上匆匆趕回家，孩子睡著之後再趕到醫院加班。「生了小孩之後我就發現：我沒有任何爲自己想像的空間了。」每個月薪水除了付給傭人和保母，「多出來的一點，我就是常常買漂亮衣服送我媽媽。」媽利自己好多年沒有買新衣服。

那時台大病理科有個前輩侯先生，常常對媽利說：現在高醫病理科缺老師，妳是高醫畢業的，爲什麼妳不回高醫？「他當著很多人、包括我的導生面前這樣跟我說，讓我很難過。」有一次媽利回答他：我的先生、小孩都在台北，我怎麼回去高醫？媽利感歎：「有些人好像就是很喜歡讓人家不舒服。」那時媽利和另兩個也常遇到相似情況的病理科醫師（李豐、許輝吉）在同一個辦公室，「我們三個常常關起門來罵，罵完了再開門出去做事。」媽利笑說：「現在我們三個人碰到了，還會說起以前關起門來罵人的往事。」

其間，媽利一個高醫的學弟林華仁，也跟著媽利考入台大病理研究所，「他鋼琴彈得非常好，尤其是貝多芬的《熱情奏鳴曲》。」林華仁一九六七年進台大，次年自殺了。這件事讓媽利很難過。爲什麼自殺？媽利說：「我在想……和台大病理科的低氣壓有關係。」

捱過那一段艱苦的日子，媽利回憶起這個學弟還是歎氣：「我覺得很可惜。」

不適合的婚姻

「女醫師」這個頭銜聽來光鮮，但只有身歷其境者才眞正知道其中滋味，「有一次國民黨中央黨部找了一些女醫師去開會，我還在會中發言，說一定要想辦法讓那些工作的媽媽在她們的工作場所可以有托兒所，好讓她們安心工作……。」不過，這個希望當然一直沒有成眞。

一九六八年，媽利生了老二後，因爲過度勞累染上了肺結核，在家裡整整睡了一個月才恢復。

在台大病理科的那段日子，媽利每天早上六點起床，「還好有傭人幫我煮飯。早上我一定要看孩子吃完飯、換好衣服才出門。」有時媽利也要準備早餐，「因爲傭人常常辭職不做，很少有人做超過一年的。通常八點我一定要趕到醫院去，因爲做的是外科病理，所有醫院切下來的東西我都要負責，非常重的工作，有時要看一百張以上的切片。如果今天不看切片，就要切組織、寫報告，等切片出來再做診斷。還要做屍體解剖，這是輪流，不是每天有。」因爲是助教，媽利八點到十點要上課，每個禮拜有討論會，還要寫論文、做研究……。「在台大我是第一個外校生爬到副教授的。」當時在台大醫院每週一次、頗負盛名的臨床病理討論會中，媽利還被譽爲當時的「台柱」之一。

中午通常可以在陰暗、充滿福馬林氣味的角落小睡一下，「整個都是福馬林的味道。跟人家握手，人家會覺得我的手很粗，因爲在福馬林裡泡久了。」都不戴手套嗎？「哪裡有經費？」媽利說：「那個時候都沒有手套。我們只有在解剖的時候有戴手套，有些手套還是補過的咧！」

下午繼續工作。六、七點回家餵孩子吃飯、洗尿布，「那時沒有免洗尿布，而傭人只做飯，不洗尿布。」萬一遇到下雨尿布不乾就麻煩了，媽利就燒木炭爐，外面罩一個大竹筐，把尿布晾在上面烤乾。「傭人通常住在家裡，晚飯之後她就休息了。我看小孩吃完飯，和他們玩一玩，然後拍他們睡覺。我們家老大總是不肯睡，拍得我手好痠了，他還不睡，氣死我了！」媽利笑說：「我急得要命，還要趕去醫院！」媽利一定要把孩子拍睡了才出門，因爲「我不喜歡讓小孩覺得家裡沒有媽媽」。

「我最羨慕袋鼠了，因爲袋鼠媽媽可以把小孩帶著走！」沒辦法時時照顧孩子，沒辦法常常帶孩子出去玩，成了媽利心裡新的焦慮，「這一輩子讓我最嫉妒的，是有一天我在台大上班上得很累了，因爲有事必須從台大醫院穿過新公園到市區。經過新公園時，看見一個媽媽帶兩個小孩在那裡曬太陽、聊天。我嫉妒死了，我氣得要命，爲什麼我沒辦法這樣？我從來不會嫉妒別人，就那一次，讓我非常嫉妒。」嫻雅的媽利在事隔多年後，說起這件事聲音還是激動的，彷彿差一點淚就要被逼出來了。

對於第一次「不適合」的婚姻，媽利說：「我想，其實結婚前我就覺得不是很好……。」但那時對曾經退過一次婚的媽利而言，「大概沒有勇氣再換一個。」其間媽利也對結婚相當猶豫，「但他像一隻狗常常跟著我……，我實在不太想再講下去了。」

既然早就發現這是不適合的婚姻，沒想過離婚嗎？「怎麼可以？我媽媽不就要去自殺了？」所以一直要到母親過世之後，媽利才能好好思考和朱醫師的關係，「之前我都沒辦法去想，也不敢想。」

每天工作到半夜，全年無休

當年台大病理科的工作量之大及忙碌程度，令人咋舌；葉曙每天晚上七點半下班，

「誰敢比他早下班？會被他罵死。大家都覺得晚上在醫院工作是很應該的事，如果我要早回去就好像做錯事情。我到現在還有這個心理障礙耶！如果我不能工作到很晚，就好像偷了人家東西似的，有一種虧欠的感覺。」結婚前，媽利都是在醫院待到晚上十二點才回宿舍，「做做片子、看看書什麼的。」結婚生子後，六、七點先回家餵小孩吃飯、把小孩哄睡後，再回醫院工作到半夜，沒有假日，這樣的生活持續了十幾年。「那些日子都很忙，病理科人手不夠，所有手術、切下來的組織我們都要做病理切片；如果有人在醫院裡死了，我們要做屍體解剖。醫院那麼大，每一科都在開刀，只有兩個人負責做病理切片，我今天做，他明天做；我今天做完的片子（病理切片），明天看，把所有片子都看完，診斷爲什麼要切下來。」那段日子就是媽利所謂的「迷失在屍臭和福馬林刺鼻的味道裡」的日子。「那時我們付出很多勞力，像廉價勞工，非常辛苦。」曾有一位美國的大學病理科教授回國講學，他說：「每一位台大病理科醫師的工作量，是美國病理科醫師的三倍！」

媽利拿出一本莊壽洺學長編的《台大病理研究所四十周年紀念專輯》（一九八七年），其中一篇文章記述了當年在台大病理科的生活：

「總是要到晚上十一點左右才能回家，然後才動筷子用餐，不足爲奇。不要說沒有加班費，連上級的口頭嘉獎、鼓勵可能都沒有，只爲了要將事情做對、做好。」這篇文章的標題是〈給台大病理專家講幾句好話〉，是之前曾在台大病理科任職、後來旅美的林清森醫師所寫的：「……您們實在偉大，敢走上沒有人敢走的一條路，教學又要服務，每天跟血肉標本接觸，做窮老師，沒有人送禮，藥廠也不請上酒家，買不起汽車，騎腳踏車上班，早出晚歸，也買不起房子……。這種犧牲及無我的精神值得敬佩。您們後繼者不多，勉強走完四十年，希望繼續努力要掙扎維持下去，創造歷史奇蹟！」

說到腳踏車，媽利的確要媽媽把她大學時那輛綠色的腳踏車寄上來，這輛騎了多年的腳踏車就成爲她往返醫院、家裡的代步工具。「那時沒有什麼『不開業獎金』和津貼，不接觸病人也就不會有紅包，病理科的確比其他科的醫生窮得多，沒『錢』途。」媽利說：「學醫的人會選擇以病理爲終生職業的，寥寥可數；但是病理非常重要，林文士人老師就認爲醫學要是沒有研究，就不會有進步；沒有進步的醫學，臨床醫師就是花上最大的努力，對很多難治的疾病還是無法突破。所以林文士人先生是第一名畢業、非常優秀的醫學系學生，他選擇進入病理。」媽利的一生，總是受這樣「堅持理想、理念崇高」的師長所深深影響。

雖然肯定病理在醫學領域中的特殊地位和價值，但這不是媽利的興趣所在也是事實。天天工作到晚上十二點的日子，媽利在醫院、家庭兩邊穿梭，也陷在焦慮裡，「在台大病理待了十幾年，有時候我會想：我這一生是在幹什麼？這根本不是我要做的工作，到底該怎麼辦？一想到這個我就很焦慮！但也沒有辦法，兩個孩子還小，我必須把他們養大。如果不做這份工作，我有辦法找別的工作嗎？」忙碌到幾乎沒有時間思考這些惱人問題的生活，其實在那時媽利是願意去過的，「因爲我實在太煩了，我不想去想那麼多事情；工作那麼忙，就把我整個人占據了。」鬱悶焦慮的心理狀態，讓媽利後來甚至染上了肺結核，「所以我覺得人有時候就是不能勉強。我就是勉強自己學醫、勉強自己做病理，但人還是會有他自己的『感覺』，還是會爆發出來。」

當研究生、還沒當媽媽的那段日子，「我常常早上都爬不起來，要用兩個鬧鐘，其中一個常常會叫到掉到地上，喔，那個聲音好大！才會把我吵起來。」寫碩士論文時，葉曙教授要媽利寫「惡性細網細胞淋巴腫瘤，reticulum cell sarcoma」，「因爲是『細網』，所以我每天都要染組織的細網，每天都在看細網，看到後來眼睛閉上還是看到細胞、看到網子。」媽利笑：「『細網細胞』這個名詞現在消失了，因爲惡性淋巴腫瘤的觀念改變，不再染細網了。那時爲了一個不重要的細網忙碌三年，人生就是這樣子。」

紀念專輯裡有一段文字這麼寫：「……提到喝酒，在病理科的人無一不是高手。林文士人老師在暑假工作完畢後常常領我們去喝啤酒，還教我們日式吟詩……。」酒量驚人的媽利說：「我在台大病理科時也常常會請學生到我家喝酒，尤其是女學生，後來我還訓練出一些喝酒很厲害的弟子喔！」她笑：「她們後來也寫信跟我說，很懷念那個時候。」放假、過年時，媽利會找女學生來家裡，把家裡的酒都搬出來，大家喝酒聊天，「因爲在我家，她們都很放心地喝，喝啊喝……，喝到後來都很過量。」媽利又笑了。

在「上帝終於把她從那個地方拖出來」的多年之後，媽利幾年前有一次和法醫研究所的人吃飯，她跟人家說：「嘿，我做過兩百個解剖喔！」「結果他們誤會了，以爲我想再做解剖，後來打電話來邀請我去參加一次解剖，我說：『拜託拜託，絕對不要再叫我。』」媽利很堅定地說：「我再也不要碰解剖。」後來有很多邀約請她去主持病理相關的科系院所，「我都不要！我連書都丟了，以前買的原版書，全部都送給圖書館了。」

接觸免疫病理

在「迷失在屍臭與福馬林刺鼻的味道裡」的日子裡，有一天，媽利見到了一絲希望。「一九六九年，日本東京大學的川村明義教授和西岡久壽彌教授等人來台灣，教我們『螢光抗體法』，那在當時是非常新的技術，讓我突然覺得見到一些光明；我做的不再永遠是死的組織，也可以做一些活的組織。」媽利運用這個方法去找疾病的原因，甚至發表了一篇文章，在美國有名的醫學雜誌《癌》上刊出（*Cancer* 1974; 34: 268-273），「這件事讓林文士人老師非常高興，因爲那時沒有幾個台灣人的文章被刊載那種醫學雜誌上。」學了「螢光抗體法」之後，媽利接觸了所謂的「免疫病理」，也和日後她有卓越表現的「免疫血液學」——也就是「輸血」有關連。

數十年後，罹患癌症的川村明義教授提前爲自己舉辦了一場告別式，媽利寫了一封信給他，在會場上由他的學生朗讀：「……當我年輕時在病理研究所，當時我不知道我要做什麼，你來台灣，開啓了一扇門，讓我認識了免疫學，所以之後我專心於免疫病理學，繼而促成現在我在做的免疫血液學工作，這一切都要感謝你……。」信末署名「第十屆國際輸血學會西太平洋區大會會長」，以此來表現對這位教授的感謝與尊崇。在病理晦暗的日子裡，「當時那兩位日籍教授給了我很大的鼓勵。」

乾爸林天祐教授

媽利的乾爸林天祐教授和媽利的父親是好朋友，和媽利個性相近、氣味相投，「他也喜歡文學、畫畫，自己也寫了一部自傳。我也一直覺得我要寫自傳，這很奇怪，有些人會覺得一定要寫，有些人就是沒想過、不喜歡。」乾爸在媽利高中時就鼓勵她念醫學院，「我念醫學院覺得很鬱悶、不知道要怎麼辦的時候常常想到他；我覺得如果我沒有念完醫學院，也會讓他失望，我害怕這樣。」

媽利的乾爸是很有趣的人，雖然喜歡畫畫，但媽利說：「其實他的畫並不高明。他自己也知道，說只是消遣消遣畫一畫。」有一次乾爸畫完一張給媽利看，自己評論說：「妳看這個女人的臉，像鬼一樣！」說完自己哈哈大笑，「他常常喜歡畫女人的裸體畫。有一次他畫了一隻黑色的大蜘蛛，也有蜘蛛網；有一些裸體的女人在飛，胸部像木瓜，喔，幾棵木瓜樹在那裡飛！他把那張畫送我，我很頭痛，實在不怎麼喜歡，蜘蛛讓我很害怕，掛起來我會作惡夢。」媽利把那張畫塞到床底下。

「他畫了很多不怎麼滿意的畫，他太太覺得不怎麼高明，把那些畫丟到巷子口去。」有一次媽利同乾爸說：你的畫丟掉很可惜吧？爲什麼你不讓你的畫掛在你學生家客廳的牆上？乾爸說：誰要掛我的畫？媽利說：會的啦！你就辦一個義賣畫展嘛！「第二天他就跟我說：媽利，可以喔，我來弄一個義賣，把那些錢做肝癌研究基金。」媽利笑說，「那時大概是一九九〇年吧！結果他的畫義賣賣了一千萬。」乾爸高興得不得了，說：喔，我的畫可以掛在學生家客廳的牆上了！「這個義賣畫展很成功喔，後來竟然還有一些畫廊的老闆打電話問我說：林醫師，妳乾爸那邊還有沒有別的畫可以賣給我們？」媽利說沒有了，全部賣掉了，畫廊老闆還拜託她去乾爸家床底下找一找。

乾爸晚年因糖尿病引起眼底出血而失明，但還說要畫畫，媽利說：這怎麼畫？他說：你去幫我買顏料，然後照我說的順序排好，第一支紅色，第二支藍色……，「我照他說的幫他排好，但眼睛看不見，還是沒辦法畫。」乾爸後來是心肌梗塞過世的。乾爸還喜歡唱歌，「以前他常會唱日本武士切腹自殺、講述武士精神的歌給我聽。」年輕時有一次他心情很煩擾，找了一家咖啡廳坐下，咖啡廳正播放古諾的《聖母頌》，讓他的心安靜下來，於是他後來要求媽利，在他的喪禮上要唱那首歌給他聽，「我說：好啦好啦！他跟很多人都這樣要求，每個人都說好啦好啦。」結果呢，「他過世的時候有一個朋友眞的去唱了。」媽利笑：「後來我跑到他的墳上唱給他聽。每次他的忌日，我就會去他的墳上唱那首歌給他聽。」

乾爸過世後，媽利想起自己把乾爸送她唯一的一張畫收在床底下，覺得很過意不去，但要掛起來實在也爲難，媽利又有了主意：「我把那張畫送到台北市立美術館，送給他們典藏。」美術館說：我們不隨便接受畫作。媽利說：沒關係，我放在你們這裡，你們開會、審查要幾年都無所謂。媽利笑說：「結果他們後來真的決定典藏我乾爸的那張畫。哇！我好高興，這樣我不但把讓我頭痛的問題解決了，也讓我乾爸變成『畫家』，我想他在天之靈有知的話一定很高興。」

媽利結婚前，乾爸常跟她說：「妳要結婚啊，一定要找一個跟妳興趣相投的。」媽利笑說：「他說像他太太都趁他出國時把他心愛的小說論斤賣掉。他也覺得他跟小孩相處的時間不夠，很遺憾，要我一定要多陪小孩子。」對媽利而言，這位乾爸像是朋友，也像是父親、老師。

一九九一年乾爸要出版畫冊《餘生的腳步》前夕，要媽利幫他寫一篇文章，媽利寫了一篇，但乾爸不是很滿意，要媽利另寫一篇。事隔十餘年媽利再看當初被乾爸「退稿」的文章，自己卻覺得驚豔：「哇！沒想到當時我可以寫出這樣的文章！」

寫在林天祐教授《餘生的腳步》畫冊之前

林天祐教授是我的義父，這是因爲家父也是外科醫師，他們是朋友，所以打從小時候開始，我就是林教授的「乾女兒」了。記得小時候上他家聽他講他的用功念書、上醫學院、在住院醫師時代的刻苦努力、他的開刀治療病人、在台灣外科領域做拓荒的工作（發展胸腔外科），及國際聞名的指碎法肝臟切除術。他對工作的熱忱常常激勵著我，著實讓我對醫學發生了興趣。稍長後，上他家和他談哲學、文學，從形而上學到托爾斯泰的《復活》，常談得很開心。那時我驚奇地發現他偶爾畫一小張油畫，我也驚奇地發現畫裡出現裸體的女人及蛇，當時我在想也許他藉著畫來表現某種哲學的思維。在我念高雄醫學院的時候，也是我痛苦地考慮是否重考文學院的時候，我常常在醫學和文學之間搖擺不定，不知如何是好，上他家和他談談，就讓我定下心來念醫學的功課。在往後的日子裡，我發現他的畫變得多采多姿了，而裸體的女人還是常常出現。後來我在台大醫院病理科工作的時候，我喜歡偶爾在週末上他家，和他共進午餐，暢談醫學及天下事，觀賞他的新作，同時也對他的作品品頭論足一番。

義父在六十三歲提早退休，宣布說他要過新的生活，就是他長久以來計畫的人生第二個春天，他將專心繪畫及寫作。當時我暗地擔心，一個忙碌的外科醫師，同時也是著名的肝臟外科權威，怎能戛然中斷輝煌的工作，而像隱居山中的隱士從事寫作及繪畫呢？我常常不放心地去看他，結果發現他自得其樂地在專心繪畫、寫回憶錄，甚至寫短篇小說，還不斷地爲他的每幅畫寫日文的詩歌「和歌」。他每天至少花上四小時認眞地繪畫，所以我每次去看他，都可以看到他的新作。時間久一點沒去，就要和他上三樓的倉庫去好好地看。他每天除了繪畫及寫作外，還悠閒地到店裡品嘗咖啡、逛畫廊，有時候還讓我羨慕得很。

近年來，我也像當年的義父頻頻出國開會，因爲我現在從事輸血工作，所以常常遇到外國的外科醫師，和他們閒聊，常被問及T. Y. Lin（義父英文名字的簡寫）和他的肝臟手術，不只是美國和日本的外科醫師，有一次甚至是義大利小鎮上的開業醫師。最近我參加了一個日本的國際輸血研討會，會長以前是外科教授，他向德國學者介紹我時，竟說我是T. Y. Lin的女兒，讓我覺得光榮和高興，他還告訴我，義父的肝臟切除手術在肝臟外科是革命性的創新及壯舉。

在我周圍的親人及朋友當中，不乏對藝術有涵養的人，但很少人像他一樣勇敢地把美及夢想持續地放在心裡。畢竟世界上太多的東西讓我們變得庸俗，放棄了對美的追尋及忘記了我們的夢想。我在想義父對美的嚮往，以及爲實現不斷出現在他生命中的夢想所做的努力，就像他畫中一直出現的黑線條一樣地執著及刻骨銘心。

我希望我也能像他一樣地淡泊名利與地位，我也希望當我面對生命的黃昏時，也能像他一樣保有對美及生命的熱愛，我更希望當我歇下匆匆的腳步、處於平靜時，回首過去，也像他一樣對醫學做了貢獻。

窗外喧嘩的蟲聲，遠處蘭溪的蛙聲，室內巴哈的音樂，匯成了偉大的樂章，夜已深了。

林媽利寫於花園新城

一九九七年七月

輯五

迷失的一代、混亂的美國生活

前頁圖說／林媽利毅然決然帶著兩個孩子去美國生活，充分表現出台灣女人的堅毅與勇氣。

第一次赴美進修

從一九六四年進入台大病理研究所，媽利念書、工作、結婚、生子……，時光在忙碌與堅持中緩緩流逝。媽利在台大病理科待了十六年（至一九八〇年），其間，她曾兩度赴美（德州大學病理科）進修（一九七二年至七三年；一九七八年至八一年）。

一九七一年，媽利當時的夫婿朱醫師到美國德州學心臟外科，次年媽利帶著兩個孩子也去了美國。朱醫師在Houston，媽利申請到德州大學醫學分部（UTMB，University of Texas Medical Branch）病理科擔任為期一年的總住院醫師，地點在Galvestion，離Houston大約一小時車程。那時美國缺醫師，所以媽利「赴美進修」不像後來一定是要去念碩士或博士，而是去做總住院醫師，「就像我在台大病理科做的事情一樣，但在那裡輕鬆多了，和台大相比可說是天壤之別。」

從小媽利就不乏闖蕩陌生環境的經驗與膽識。這次到美國，媽利是自費去，「那時台大病理科有公費派一些醫生去進修，但沒有派我。我覺得我在台大是受到歧視的，也許因為我是女人，也許因為我是高醫的，也許都有吧！」媽利說：「我還好因為很努力認眞、考了試，才可以申請到美國當住院醫師，在美國當醫師有不錯的薪水，所以也就無所謂有沒有公費了。」

爲了去美國，出國前還把房子賣了，「因爲飛機票很貴，不賣房子買不起機票。」杭州南路巷子裡四樓二十五坪的房子賣了三十萬，「那時一張機票要五、六萬吧！我要帶兩個小孩還有媽媽一起去。」賣了房子帶著家人到美國去，應該是很大的決定吧？之前各方面都考慮清楚了嗎？「我想：哎呀，到時候再說……。我好像很勇敢呢！做事情之前我常常都覺得：不要想太多，想多了就沒有勇氣做了；乾脆先去做，有了問題再來想辦法嘛！」看起來嬌弱的媽利，因爲這樣「勇往直前」的個性，還曾得到前夫如此評語：「林媽利啊，她就是很大膽，天塌下來都不怕。」

媽利帶著兩個小孩和媽媽，去了美國。德州天氣炎熱，第一天去醫院上班時，媽利撐了一把陽傘走在路上，結果「所有的人都跑出來看我！」德州人只有下雨才撐傘，他們第一次看見有人在大太陽底下撐傘，媽利窘迫得不得了，趕緊走進房子裡把傘收起來，此後在德州再也不打陽傘了。

剛到美國時，語言的問題是第一個要面對的，尤其是以「難聽懂」著名的德州腔，「家裡如果電話響了，我最怕去接電話，因爲聽不太懂他們在講什麼。」在醫院上班要做病理解剖，爲了之後要寫報告，媽利一邊解剖一邊講，一旁病理的書記會錄音、整理，「結果他們跟我說：糟糕了，我都聽不懂妳在講什麼！」

媽利在UTMB遇到了一位很好的老師、上司——Dr. Richard Marshall，Marshall很喜歡畫畫，也懂老子、道家的思想，和媽利可說是趣味相投。媽利也認識了幾位好朋友，其中美籍女醫師Conie Hana跟媽利最要好，Conie下了班常常找媽利到她的宿舍「喝一杯」再回家，媽利也跟Conie學了一些調酒法，「那時候台灣還沒有人會調酒的。」媽利常常下了班先去Conie那裡喝一點酒、聊聊天才回家，「我媽媽就說：喔！妳今天又喝酒了！」回憶起當時，媽利笑說：「好好玩喔。」

年輕美麗的技術人員Sonia也是媽利的好朋友，「她是墨西哥人，人非常好，對我也很好。」一九七二年至七三年，媽利和Sonia的教授做了一些關於「腎小球」的研究，後來媽利發展出一個新方法：她將細砂樣的腎小球分離出來，然後將腎小球和自製免疫酵素法的酵素免疫球蛋白反應，再做電子顯微鏡的切片，以此觀察病變，「這個方法很辛苦，也從來沒有人想過可以這樣做。」媽利將這個新方法寫成文章發表在《台灣醫學會》，《國際醫學文摘》看到後相當肯定，也要求媽利同意將她這篇文章轉刊於《國際醫學文摘》上。

和媽媽住在一起，兩人之間的基本差異與衝突並沒有消失，「我們常常吵架。」Conie常對媽利說：「一個屋簷下本來就不應該有兩個女人，妳就是幾千年的文化把妳壓得喘不過氣來。」Conie 認爲媽利做許多事常常是因爲「必須、應該」要這樣做，而不是考慮到自己的需要和內在眞正的聲音，Conie 勸媽利把媽媽送回台灣。在好友的建議、支持下，媽利也不再勉強自己。

「在美國的那一年，我最大的收穫是和我的上司處得很好，也交了幾個朋友；再來工作沒那麼繁重，也有點像是休息、休養。」媽利對 Marshall 先生頗爲感念，「他的個子不高，是一個很好、很有度量的人。」那一年媽利在 UTMB 病理科留下美好的印象。後來第二次再去德州，Marshall 已轉到另一所醫院任職，同樣的地方換了個上司 Dr. Slavin，媽利就覺得：「病理非常討厭！」有一次 Marshall 到德州開會順道來看媽利，得知媽利的近況後，Marshall 去找媽利的上司，對他說：「你們這些人，把她對病理的興趣全都毀了！」

決定回台灣

去美國之前，媽利其實並沒有多久要回台灣的打算，「也許就這麼待下去了也不一定。」有很長一段時間（也許到現在都是），台灣人總是覺得「出國好」，有辦法的人都一定要出國。媽利高二時（一九五六年），爲了當時副總統陳誠的兒子陳履安高中畢業要出國，所以台灣政府破例開放高中學生出國；高三時，班上同學都在忙著找人寫介紹信、申請學校，個個都想出國，媽利糊裡糊塗，看大家都說出國比在台灣好，也跟著忙了一通，但那一年就不再開放高中學生出國了。「我一直在想，台灣人想出國的心理，其實是一種逃難的心態。」走過那一段歲月的媽利很感慨。

原本媽利可以在美國待下去，「那時美國缺醫生，我們的機會很好；像我就申請到密西根大學的附設醫院，它可以讓我念博士學位同時做住院醫師，機會非常好。」但由於考慮到朱醫師，一九七三年他們一起回台灣。「朱醫師在美國沒有『被需要』的感覺，所以我也覺得他還是回來好。我放棄了美國那麼好的機會跟他一起回來，其實並不是我犧牲，我要誠實地說，有一個自私的理由。」媽利說：「朱醫師和我媽媽一樣，都是很難搞的人，我就是必須先把他們都擺平。他如果心很不安地勉強留在美國，他會心情不好，對家裡的人也不會好。我寧可他回來台灣、做得開心，我也會比較好過。」

在美國時，由於朱醫師在 Houston，媽利和孩子在 Galveston，通常只有星期六、日全家才可團聚，「我和他的問題在美國時好像比較好一點，因爲一個禮拜只見面一、兩天嘛。」媽利比較喜歡這樣的生活，「他不要天天在家比較好。如果碰到他要去國外出差一個月，我就拍拍手，太好了！」

返台後的不安心境

媽利又回到台大病理科。那幾年，媽利升了副教授，但「覺得心裡非常不安」，那時媽利家在四維路的一樓，外面有一個小小的院子，種了一點花，「到現在我還記得，有一天我在澆水，突然好強烈的不安感襲上心頭……。」她又開始問自己：我這一生就這樣子過嗎？該怎麼辦？到底是焦慮、不安些什麼？「這是沒辦法明確說清楚的，我也講不出來。」

千頭萬緒，化爲一股自己也控制不住、壓抑不了的強烈內在感受，雖說沒有清楚的路徑，但稍稍爬梳，那「不安」卻也絕不是無跡可循的。病理不是媽利眞正的興趣所在，台大病理也從來不是讓她待得愉快、安心的地方，尤其人事、派系之類的事情，更讓她頭痛、害怕，「有些人會弄小團體，有些人就不會，我就是不會的。」媽利有天在電梯裡遇到一個同事，禮貌地向對方道早安，「他卻眼睛看著天花板，不理我。」這種事會讓媽利很不安、焦慮。回家裡，朱醫師很少在家，那幾年朱醫師事業開始爬升，流言也隨之而來，「他的這類流言，有時候我的學生看不過去也會來跟我說。」媽利的不安、焦慮，後來更成爲嚴重的沮喪。

在似乎無路可出的情形下，她想起那一年在美國的日子，有投契的上司、同事，工作環境也比台灣好，媽利想：我也可以選擇那樣的生活。

想去美國，還有一個時代的原因，也是半世紀來烙印在台灣人心上的傷痕。那時正是越南赤化後，成千上萬越南難民坐船四處漂流逃難，那幅失去自己的國家、遠離自己的土地的痛苦悲慘，透過新聞、電視畫面，傳送到全世界各個角落，更用力地繫在一直處於不安恐懼中的台灣人心上——台灣人一直活在一種恐懼中：強大的對岸，隨時可能武力犯台、「解放台灣」。那個時代，基於生存的本能，基於人尋求更美好的生活環境的趨力，許多台灣人都想辦法出國。媽利也不例外，她也怕逃難、怕流離失所、怕共產黨，尤其有了孩子後，身為「母親」的戒慎恐懼更加倍。那時台灣遭逢中美斷交、退出聯合國等打擊，正是風雨飄搖、人心極度不安定之際，看到那些逃難的越南船民，想到自己放棄了待在美國的機會，而那時要再去美國已經愈來愈不容易，美國已經不太願意接受外國人來當醫生……。就在混合了多種原因的不安、恐懼中，媽利又為自己的人生做了選擇：她決定再度赴美進修。

再困難也要去美國

媽利告訴林文士人老師，她想去美國念臨床病理（在美國，病理科有解剖病理、臨床病理兩個領域，而當時台灣只有解剖病理專科醫師訓練，沒有臨床病理的專科醫師訓練），回來可以把台灣臨床病理專科醫師的訓練制度建立起來。

每天下班回家，吃了飯、把孩子拍睡後，媽利就在書桌前用功，準備美國的「FLEX」（給外國人考的醫師執照）考試。距離當學生的日子已有十幾年，醫學領域的變化也很大，媽利很認眞地念書，每天晚上念到半夜。一九七五年，她先到「FLEX」最難考的華盛頓州，沒考上；一九七七年再去，考取了。

一九七七年，媽利曾到芝加哥看望弟弟，順便也探詢芝加哥附近的醫院是否有機會。在 Dr. Marshall（一九七三至七三年媽利在德州進修時的上司）推薦下，芝加哥的 Mount Sinai 醫院表示歡迎媽利。考取 FLEX 之後，媽利考慮去德州還是去芝加哥？由於 Mount Sinai 的工作要到一九七八年三月才能完全確定，德州 UTMB 則是無條件歡迎她回去。媽利決定還是去德州。

雖然準備出國，但一九七三至七八年，媽利在台大病理科還是做了很多研究，也開發了一些高難度的研究。「我其實是很努力在做。那時我還負責電子顯微鏡，我用一些新的技術，像『螢光抗體法』及『免疫酵素法』，自己去發展一些以前別人沒辦法做的診斷方法。」

一九七八年，媽利又帶著兩個孩子和媽媽出國了（媽媽說要去幫她一陣子忙）。和上一次不同的是，這次她不是跟著先生的腳步，而是自己去。

在出國前，媽利和朱醫師的關係已愈來愈糟，幾乎已形同陌路，「那幾年我還常常希望他出差。」

適應全新的環境

這次到美國因爲至少要待三年（在美國學病理要四年，兩年解剖病理、兩年臨床病理。媽利之前已做了一年），所以在許多人的勸告下買了一棟房子。適應新環境的艱苦，這棟房子「貢獻」不少。「因爲是新房子，院子裡連草都沒有，一切要從頭來。」媽利自己裝燈泡、窗簾，和小孩一起釘書桌、把信箱裝上，還要弄籬笆，前後的院子裡要種草、種樹，「我又噴錯了藥，結果草死了一大片……，這種事常常發生。」房子裡還有媽利沒碰過、不會用的家電設備（像洗碗機）。上回媽利到美國時學會開車、考了駕照，這次來就買了一輛車，「我記得我把車開進車庫，結果開不出來！我叫：『救命啊！』還好隔壁的太太Betty Roundtree來幫我，然後教我怎麼用洗碗機。」

在醫院的工作部分，第一年媽利還是做解剖物理，每隔一天值一次夜班。原本合得來的Marshall先生和Conie都已離開了UTMB，新的上司Dr. Slavin是猶太裔的醫師，和當時科裡另一個來自台灣的郭承統醫師是死對頭，兩人常爭執，連帶的對「同是台灣來的」媽利也沒有好感。媽利在不太友善的環境裡覺得不舒服。她最怕去開會，每次聽到他們吵架就緊張，「我實在搞不懂，他們大聲吵架、爭得面紅耳赤有什麼意義呢？」雖然可以用「在這裡只要待一年，之後去學臨床病理就離開這個環境」來安慰自己，可是橫在眼前的這一年，也夠令媽利頭痛了。

最讓媽利擔心的，還是孩子的教育和適應問題。兩個孩子正是念小學中年級的年紀，擔心孩子在學校被歧視、欺負，擔心孩子不會說英文功課跟不上……，使媽利瘦了很多。媽利每天教孩子英文，但孩子的適應其實並不像一般人以爲的那樣「自然、快速」。「很多人都說小孩子在新環境學語言很容易，哪裡是這樣？」一開始人家說：小孩子一學期就學會了。「我就等一學期，他們還是不會講英文。」人們說：哎呀，第二年就會了。「第二年還是不會。」人們就說：對了，一般都要三年！媽利說：「就是這樣子啊！」

在多重的壓力下，媽利在剛到美國一個多月時的日記裡寫下這段文字：「……一個迷失一代的痛苦，一個背負著兩個年幼孩子重新適應完全陌生環境的母親，一個離開原本的工作、熟悉的環境和一群學生的老師，一個在十三年婚姻的夢醒之後、考慮重新過獨立生活的女人，一個沮喪的女人，上帝啊，幫助她……。」

不久後，媽利的肺結核舊疾復發。那時候，一點挫折（比如倒車時撞壞了保險桿）就會對相當沮喪的媽利造成很大的打擊。肺結核復發，對媽利眞如晴天霹靂。然而帶著兩個孩子的母親，沒有倒下去的權利，數不清曾有多少次淚水中的熱切祈禱，媽利仍舊工作、照顧孩子、吃藥治療……，日子仍然走下去。

在覺得孤立的日子裡，有一天一個台大醫科的校友告訴媽利：他們在德州休斯頓定期開台大同學會。媽利很想去，「有很多人是我以前的學生，我也想看看他們、知道他們在德州的情形。」不料，同學會會長呂醫師的太太卓女士（她本身不是醫師）卻對媽利說：「在因爲妳是高醫畢業的，所以不算是台大校友。這件事讓媽利很失望也很生氣，媽利說：「在我最需要朋友的時候這樣子對待我，這是很遺憾的事情。到現在我都不覺得我是台大的，雖然我在台大念完研究所、待了十幾年。」

我要活下去

日子在工作、孩子的教育與適應，與疾病、寂寞奮戰中前進。媽利在德州認識了也是來自台灣的沈榮森、廖百合夫婦，他們是基督徒，熱心幫助媽利，並邀請她去做禮拜，已經好幾年沒有上教堂的媽利答應了，「我也想多看看台灣來的人、講一講我們的話。」那時媽利已有這樣的念頭：不管自己回不回台灣，兩個孩子要繼續留在美國，但又不希望孩子變成美國人、沒有根，「所以我覺得他們必須要會講台語、國語，必須要和台灣人多見面。」

說到把孩子留在美國，這件事媽利其實在出國之前就考慮良久，也掙扎了很久：「我到底要不要把孩子帶到另一個文化裡？他們會不會忘記我們的文化、變成另一個國家的人？我帶他們出去，是對的嗎？……」很困擾的時候，媽利去找過乾爸林天祐教授，詢問他的意見，乾爸那時跟媽利說：現在是地球村的時代，妳的想法不要那麼狹隘，不必把這個事情看得太嚴重。媽利說：「很多因素加起來，我就出去了。我帶他們出去，是不是對？那時眞的不知道。就是走到那個關頭了，好像也只能如此。」

媽利去教會做禮拜了。「我記得第一次我又回去教會時，是李靈新牧師講道，他說：

到底爲什麼神要讓這一代的中國人、台灣人連根拔起，移植到另一個完全不一樣的環境裡？我聽到這裡就開始哭，哭得好厲害，哭到後來自己都覺得很不好意思。」媽利說：「那天牧師說，不管是動物還是人，一個族群從一個地方遷移到另一個地方時，至少有百分之五的成員會因爲無法適應新的環境而死亡。我回家後就一直禱告：我不要成爲那百分之五，我要活下去！」

自由派的教育方式

媽利對孩子的教育是「自由派」作風，在今日看來仍不乏令人讚賞之處；與媽利相交數十年、學教育的好友鄧佩瑜就曾經寫過一篇文章，記述這位女醫師發人深省的教育之道：

「兒子學走路時跌倒，她從不扶他起來，只在旁鼓勵：『站起來！站起來！』兒子的小手拿不穩東西，她從不替他撿，也是在旁鼓勵：『自己撿起來！』兒子爬滑梯，不敢爬高，頻頻回頭求援，她也不幫助他，只是鼓勵：『爬上去！爬上去！』當兒子努力嘗試，自己站起來、撿起東西或爬上去時，她會喜悅地鼓掌叫好：『好棒！好棒啊！』」

「當他讀小學時，亦跟其他孩子一樣，很喜歡看電視卡通影片，有一回晚餐時間，家中有許多客人，正巧那一天同一時段亦有成人想看的節目。兒子向母親表示想看卡通，做母親的很技巧地當眾宣布，要召開一個臨時會議，鼓勵兒子去當主席，徵求大家的意見，要大家舉手表決。兒子身負重任，煞有其事，很認眞地數票數，公正地做結論，表決結果，成人占優勢，他安然地接受這個事實，自動到別處去玩耍。」

「又有一次，週末下午放學回家，他急促地按電鈴，全身濕透並沾滿泥巴，做母親的見狀，平和地問清楚原因——原來是他發現班上有位同學的家裡養豬，他想看豬，於是隨同學回家，邊走邊跑，一不小心就掉進田裡。母親聽後並沒有責罵，關心地問：『原來是想看豬！看到豬沒有？』接著就與兒子討論如何處理善後。兒子表示要自己弄乾淨。等他進入浴室，做母親的忍不住將我拉到一旁輕聲耳語：『我好高興，我的兒子想看豬，而台北市竟然還有豬可看。』」

「這位母親與其他的母親一樣，十分關愛孩子，不過她有幾個特點，我認爲值得在此提出與大家分享：一、本身具有童心，能欣賞孩子的樂趣。二、信任孩子有能力，不剝奪孩子學習獨立的機會。三、善用鼓勵、少責罵。四、尊重孩子，不一味以權威壓制孩子。五、有耐心與孩子討論，給予引導。六、順乎自然，不把孩子塑造成自己想要的樣子。」

——摘自鄧珮瑜〈喜悅的母親〉

到了美國，雖然適應新環境有許多艱辛，但媽利認爲有一個最大的好處：「我和孩子有很多的互動與接觸。以前在台灣我總是忙著上班，雖然每天晚上都拍他們入睡，但好像並沒有參與太多他們的成長；到了美國，他們什麼都要從頭學起，我和孩子在一起的時間也多了很多。」

媽利希望孩子盡量參加美國小孩子的活動，她也全力支持、配合；讓他們加入童子軍、學游泳、打棒球、踢足球、吹大小喇叭、學空手道……。早上媽利常常先送孩子去上游泳課，然後接孩子回來；送孩子去上學，媽利再到醫院。晚上媽利送他們去參加童子軍的活動，美國的小孩幾乎每天傍晚都有活動（打棒球或踢足球等），媽利就去場邊加油，隨身帶著呼叫器（醫院有事會呼叫她），「呼叫器一響我就很緊張，因爲有時候聽不懂他們在講什麼，所以常常要立刻趕到醫院去。」而只要呼叫器不響，媽利就在場邊和其他的父母盡情地呼喊、加油。

每個週末媽利會和孩子的老師通電話，了解孩子上課、學習的情形；有時遇到不合理、會欺負孩子的老師，媽利也會向校方抗議，甚至找校長陳情，「校長是位很慈祥的人，他每天早上都站在校門口迎接學生來上學，如果有學生的腳踏車壞了，他就蹲下來幫學生修理腳踏車。」

媽利的老大對自己是黃皮膚、其他同學是白皮膚頗為敏感，剛開始時也常受到同學欺負，媽利會鼓勵孩子：下了課再和欺負你的人打架好了！問她：不會擔心孩子打輸嗎？媽利說：「打輸哪有什麼關係？總是要打、要對抗啊！」

童子軍常常有活動，露營、划船等等，媽利除了忙著接送，有時也要做餅乾義賣，為童子軍籌募基金。數不清有多少次為接送孩子奔波在高速公路上，媽利說：「我記得有一次童子軍划獨木舟到了一個很遠的地方，我負責去接小孩回來。我清晨五點出發，一直開一直開……。到了那裡接他們、把其他小孩送回去，回到家已經是晚上七、八點。我連續開了十五個小時的車，中間只有停下來上洗手間、吃個午餐。」

有一年聖誕節前夕孩子們去露營，回到家，聖誕禮物已經擺在樹下了，那是媽利趁他們不在時準備的。在去美國之前，媽利也是每年聖誕節都會為孩子準備禮物，她總是告訴孩子們：你們想要什麼，寫信告訴聖誕老公公；把信放在信箱裡面，聖誕老公公就會來看，會送你們想要的禮物……。老大有一年起了疑心，質問媽媽：其實妳就是聖誕老公公對不對？媽利還是沒有承認，「我覺得讓他們有這種期待、幻想，不是很好嗎？」

母子三人與一隻狗相伴的日子

有一天，一隻大肚子的狗跟著媽利的兒子去學校，然後在學校等著，放學了又跟著他一起回來。媽利想：唉，一隻大肚子的流浪狗這樣子走來走去，好可憐。媽利養了這隻狗，兒子為牠取名 Bandit（意思是「土匪」），「因為牠的樣子讓小孩子覺得牠凶凶的，但其實牠是很乖的狗，是一種獵犬，很漂亮。」媽利晚上常常要到醫院值夜班，「我就把孩子交給 Bandit 看顧。」有時候孩子去露營，晚上只有媽利一個人在家，她和 Bandit 一起窩在客廳的沙發上看電視影集；有時候她會開車載著 Bandit 出門去看露天電影，「牠很乖喔，每次帶牠出門，牠會自動跳到駕駛座旁邊的座位上去，就坐在我身旁。」後來媽利和「狗」一直有很深的緣分，回到台灣後，媽利養了一隻由動物實驗室中的狗媽媽所生的好動小狗 Finny。Finny 從一九八二年到一九九九年，陪伴媽利近十八年，最後患耳聾的牠，也有白內障、關節炎而壽終正寢。

雖然念了醫學碩士、當了人人稱羨的醫師，但媽利似乎一直不曾在物質生活上「富裕」過；在美國的日子，經濟也常是拮据的，「我每個月的收入，一半用在房子貸款、保險，剩下的錢，過生活實在不太夠。」所以媽利都是去大賣場買便宜的家具回來自己組裝；自己和孩子們的衣服、日用品也去 Sears 或 K-mart 買便宜貨。「我記得我們家小孩每人有三件衣服，一天穿一件，洗了輪流穿。」有一天孩子回來告訴媽媽：「我們班小朋友說他知道我明天要穿哪一件衣服……。」當時母親的心裡一定感到苦澀吧！「我們也幾乎沒有在外面吃過飯，都在家裡吃；我在醫院中午也都不去餐廳吃，自己帶便當。吃的部分很省，一個禮拜只花五十美元左右。」

媽利住在 Galveston 小島，以前是著名的海盜島，多年前 Galveston 曾遭遇一次颱風引起的海嘯侵襲，造成不小的傷亡，所以當地人一聽說有颱風要來，都是攜家帶眷逃難，媽利也躲了好幾次颱風。第一次聽說颱風要來，媽利雖然心想：台灣也常常有颱風，哪有什麼?但大家都逃命，媽利也跟著逃命，「把東西收拾收拾，帶著小孩、狗和天竺鼠，開車到 Houston 的朋友家避難。」家裡還養了熱帶魚，媽利對孩子說：「魚不要管牠了，如果海嘯來了就讓牠游回海裡。」平常只要半個多小時車程，那天由於「逃難」的人車夾道於途，開了七個鐘頭才到 Houston。媽利和孩子在朋友家打地鋪，加上其他來避難的人，「一堆人睡在那裡。」後來並沒有海嘯，Galveston 完好無損，兩、三天後媽利就帶著兒子回家了。但，「我聽說有人逃到 Corpo Christi，結果颱風居然就是打到那個地方！」生命中有太多人力無法掌控的變項，對遠離家鄉的人而言，命運的多變或許更爲明顯。

在美國的那三年裡，媽利特別感念一位內科教授——猶太籍的 Jack Alperin。Dr. Alperin 很尊敬媽利，因爲她「是一位很認眞的人」。Alperin 常常會出一些血液病理方面的測驗題，貼在醫院的公布欄上，要大家去解答；那些測驗題，媽利每次看了都會去做、去解答。爲什麼？「我也不知道耶。」媽利被問住了，「……我就是很認眞啦！我做一件事情，即使不喜歡，我就是覺得我也要認眞地把它做完。」Alperin 對媽利一直很好，有時 Alperin 夫婦會帶媽利及媽利的小孩一起去吃飯，「這是一個美好的回憶，覺得受到尊重。」媽利說。

每個週末，媽利會帶孩子到明湖城的教會做禮拜、參加活動，「我和小孩都是唱詩班的。」有一年感恩節，媽利帶孩子參加教會爲期三、四天的退休會活動，在那兒媽利曾發出在婚姻裡的疲憊與委屈心聲，「我說嫁丈夫不如養一隻狗好，因爲狗會忠心地保護主人，不會傷害主人、罵主人……。」

做為一個妻子，媽利在幫助丈夫的事業上也做了所有該做的事。有一次為了朱醫師要升教授，媽利拜託當時台大醫院裡最有影響力的葉曙教授幫忙，一九七八年的聖誕節前，葉曙教授回了一封信給媽利，說她「可謂賢妻良母」，媽利看了信哭了出來，因為想到丈夫一天到晚說她是「好老師、好媽媽，卻是差勁的妻子」。

媽利曾經有一次因公務去評鑑德州小鎮的一個小醫院，那個小醫院只有一百多床，而一個病理醫師一年有八到十萬美元收入，讓媽利很心動。在考慮三年屆滿要不要回台灣這件事上，媽利這樣寫：「那樣的小醫院讓我很心動！想到回台灣也有可能學非所用，又要把小孩放在美國，不能陪在他們身邊，而回去還要應付難惹的先生，有點沒有勇氣……。」

一九七九年十一月，媽利在醫院的工作換到血庫，「我覺得很好，我很喜歡。希望我在 Galveston 做完以後，可以到加州去做一年的輸血醫學研究員。」但後來媽利並沒有去加州，她回台灣了。

在美國帶著孩子過生活的日子裡，媽利曾經詢問律師關於離婚的事。「其實在台灣時也曾經想過，但是不敢，也不知道怎麼付諸行動。到了美國才想：美國離婚好像比較容易。」不過，真正結束這段婚姻還是在多年之後。在德州時媽利與一位老師 Irwin Schoen 也相處融洽，媽利曾對他說過一些自己的婚姻狀況，「後來我離婚之後，有一次 Dr.

Schoen意外地打電話給我，我告訴他我離婚了，他說：喔！妳還等那麼久。」

當年台灣人的恐懼、不安

當年有辦法出國的台灣人，雖然稍稍從「國破家亡、無處可逃」的恐懼中解放，但並不表示從此就沒有焦慮或不安。「當時是戒嚴時期，出入境有很多限制。有人從美國回台灣，結果就沒辦法再出來了。」所以媽利在考慮要不要回台灣過年時，在信上寫著：「我得好好打聽打聽，到底回去了還能不能再出來？」解嚴之前的台灣對許多人來說像一個鳥籠，沒有進出的自由，跑回台灣像自投羅網。

媽利身邊的友人，也都是當時那個時代下台灣人共同心理狀態的見證。葉曙教授的秘書也想放棄原本安穩的工作到美國去，她與已在美國的媽利通信，討論著她如果去了美國想經營汽車旅館的事：「聽說在美國開汽車旅館並不是一件容易的事，有人在裡面抽大麻、召妓，所以警察常常會找上門，看樣子前途還是不怎麼樂觀。」一位病理科女醫師也由於對台灣未來的恐懼而跑到美國，在美國待了一陣子覺得不合適，又跑回台灣；後來還是覺得台灣不安全，又想回美國。

另一個臨床科的朋友，帶著孩子到加拿大，「我那時到美國，是因爲考了試、取得資格，所以可以到美國當醫生；她沒有考，沒辦法到美國當醫生，只好去當時比較容易去的加拿大。」這位女醫師在台灣是有名的醫師，到加拿大也不能當醫生，「她只好去念書。」給媽利的信上她寫：「當老學生實在是累人……，我打算八月底直飛加拿大，現在開始給兩個小孩補習英文……。我不敢跟婆婆講這件事，怕她反對，用各種方法阻止我們出國，但願上天保佑。」「孩子都在問：媽媽，我們是不是要到美國？我說：我不知道。我眞的不知道。除非我上了飛機、眞的到了國外，我才敢這麼說。」媽利醫學院的同學百分之九十都在國外。

媽利也有朋友是已經拿了美國的綠卡，但仍在台灣工作，爲了讓美國的海關不發現這件事，以爲他們一直在美國，爲此絞盡腦汁，「怎麼辦？他們就坐飛機到加拿大的溫哥華，再從溫哥華坐巴士或開車進入美國，這樣入關時比較不會引起注意。」如此費盡心思，只因爲「要維持綠卡，萬一台灣發生什麼事情，有地方可以去」。

當時許多人，待在台灣覺得不安全，出國了卻又往往無法切斷與台灣的關係，少不了進進出出，而每一次進出也總要擔心出去了還能不能再進美國？「我有很多朋友都有同樣的問題。每次要進入美國、經過海關時就會很緊張；雖然常常去美國，但還是深怕有一天他不讓你進去了。」媽利每次要進入美國時也是很緊張的，「因爲我的小孩在那裡，萬一不讓我進去怎麼辦？我非常不安。」進入美國前，海關的人會問一些問題，那時是最緊張的時刻，「我一個朋友的媽媽就因爲在那個時候緊張過度，腦中風，當場就倒下去、過世了。」媽利說：「當時的台灣人，因爲自己的國家無法令人安心，所以向外尋找一個安全的地方。」現在媽利已從那樣的恐懼不安中釋放，「我也搞不清楚爲什麼我後來覺得無所謂了？也許是孩子大了，也許是台灣解嚴了，也許是對台灣有信心了……。但我覺得台灣人還是一樣，有很多人不安，也許比以前好一點。」媽利感歎：「這一代的台灣人就是這樣，是迷失的一代。」

媽利的兩個孩子後來在美國求學、工作、成家生子……。「很多人會問我的意見，到底要不要送小孩到美國去？我的回答是：我認爲小孩子要跟著自己的父母親長大。」對於把孩子帶到美國去的決定，「我一直都不知道對不對？小孩子在另一個文化裡長大，會和原來的文化不一樣，他就會變成不同文化的人……。所以要做這個決定之前要好好考慮，看你要不要丟掉一個小孩。」對於這番話，不管你的想法是什麼，我深深佩服的是媽利能說出這番眞話的勇氣與智慧。

決定把孩子留在美國，獨自回台灣

關於「小留學生」移民後的適應問題，一直都是個複雜的課題，而且在台灣的人並不容易深刻了解、感受，許多台灣的父母親只是單純地希望：自己的孩子在安全的地方有機會接受好的教育。媽利帶著兩個孩子到美國，經歷許多艱辛。那時加州也有許多台灣去的青少年，因為適應問題，在當地變成不良少年，這是媽利和朋友在信中常常談到的話題：「即使媽媽一起來，也是管不好，我想媽媽本身的適應就有問題，無法幫助小孩子……。有些父母為了孩子，放棄在台灣安定的工作，帶著全家移民國外，一切重新來過；浪費人生最精華的時段，對父母親來說也是相當不公平的。這一代的台灣人眞是可悲。」媽利有一次在信中寫：「Galveston 附近的白人和越南人因為捉魚起衝突，三 K 黨揚言在九十天內如果沒有解決，要好好修理越南人。據說越南人都買了槍，恐怕會有流血事件。再過一些時候，我也要去 Galveston 的警察局學開槍、買一把槍……。」「最近 Galveston 有很多性侵害事件，很多女人都覺得很不安。」自己是黃皮膚的亞洲人，也感覺到街上白種人不友善的眼光。

一九八一年，結束了在美國病理方面的學習，除了有醫師執照外，媽利也考取美國的病理專科醫師執照，她決定把兩個孩子留在美國，自己回台灣。經過三年適應，兩個孩子在學習、生活方面都已漸入佳境，小學畢業時，老大拿了六張獎狀，老二也拿了五張。媽利決定回台灣的最大理由是：「朱醫師一直拜託我回來，好幫他闢謠。」此外，母親也勸媽利回台灣。

媽利把房子賣了。房子賣了後，有一陣子媽利和孩子搬到公寓裡住。

在朋友的建議下，媽利決定讓兩個孩子念紐約長島的基督教寄宿學校——Stony Brook School（石溪中學）。那是一所可說是「貴族學校」的中學，學生每個學期的費用要三、四十萬台幣。其實，若非「想給孩子更好的環境」的父母心，媽利哪裡忍心讓年紀還小的孩子離開自己身邊？一方面要忍受與孩子分離的思念、擔憂，與「自己也許不是一個稱職的母親」的煎熬自責；一方面要努力工作存錢以支應孩子讀書的高昂花費。該怪罪時代，還是怪罪生錯了地方？台灣人的潛意識中，總脫不了「逃難」的恐懼。

體會美國精神與美景

在 Galveston 前後加起來住了四年，媽利對那裡的兩項美景最難忘：一是 Seawall

Boulevard（海景大道），一是 Blue Bonnet 春天時藍色的花海。

媽利的家和醫院，剛好位於小島的兩端，每天媽利要沿著海邊的一條公路來回十幾哩上下班。公路靠海的一邊沒有建築物，可飽覽海景及清晨、黃昏時天空顏色的變化，「尤其那條路是面向東方，所以早上非常美。」媽利曾經爲這條美麗的路畫了一幅畫：春天早上的 Seawall，還曾參加展覽。問媽利，是心情比較好了，才有興致畫畫嗎？她說：「我心情不好才會畫畫。我好像都是不得不畫，如果不畫，心裡面很多東西不知道怎麼丟出去。」

Blue Bonnet 在德州第十號公路旁，「那兒春天是一整片的藍色花海，有時候開車在高速公路上，我會有一種錯覺：以爲那是一片海！有時候整片都是野薔薇，好漂亮！」媽利每年春天都會帶著孩子去那裡看花海，順便去 Dallas 看看高醫的老同學黃姍姍和許忠森。

「第二次去美國，讓我體會到眞正的『美國精神』在哪裡。」媽利說：「譬如孩子參加的童子軍，擔任負責人（Boy scout master）的 Jim Robinson，他是一名工人，因爲他要訓練自己的小孩，所以也就一起訓練別人的小孩。參加童子軍的父母不必花錢，只有偶爾去幫忙義賣。Jim 教孩子許多在惡劣環境下求生存的技術，注重正義，熱心公益，很重視幫助別人，所以在公路上車子拋錨，不揮手求助也會有人跑來幫助你，這就是美國的精神。」

住媽利隔壁的太太 Betty Roundtree 是義大利裔，曾經幫媽利許多忙，「我要離開的時候，她送我一本畫了許多 Galveston 美麗建築的書《Victorian Galveston》，她說：希望這本書能幫助妳記得在這座小島上居留的時光。」這本媽利至今保存的書，裡面還夾著 Betty 寫了字的紙條、樹葉，記述著在 Galveston 的某些地方、她曾經度過的某些時刻。「我覺得很好。德州人當然也有人對不同的族群會用異樣眼光或對待，但也有很多溫暖的回憶，還是可以找到很好的朋友。」

回台灣前，媽利把孩子送到學校。「我還記得我要走的時候，我的老二暐崧一邊吃著上面放了好多草莓的冰淇淋，一邊說：媽媽，妳是不是可以不要回去？」事隔數十年，媽利回憶起來還是紅了眼眶，聲音也哽咽了：「我覺得好難過，那時他才中學一年級。」

輯六

全心全意投身台灣的輸血醫學

前頁圖說／一九八九年，林媽利到威斯康辛大學看老二，在Madison機場母子三人合照。

投身血液工作

一九八一年，媽利回到台灣。在做了決定之後，她曾先返台一趟，主要是爲了工作的事。她原先想到台大醫院做血庫的工作，找林國信主任，但得到的答覆是「沒有缺」。「其實我聽到的說法是：因爲我『不是台大的』，不夠資格，所以不歡迎我。」媽利可以選擇回台大病理科，但那時她所敬愛的林文士人老師已經過世，倒是當年曾屢次質問媽利「爲什麼不回高醫？」的侯先生歡迎她回去。物換星移，生命似乎向媽利扮出一個嘲諷的笑臉。但她不想回台大病理科。

因爲如此，在台大醫院待了十幾年的媽利，才開始思考「台大」以外的選擇。馬偕醫院當時的吳再成院長要媽利到馬偕看看，「我那時是部定副教授，當時馬偕還沒有副教授。」吳院長的延攬，加上朱醫師的鼓勵（薪水比台大醫院高），媽利於是決定：好吧，我來做做看。

由於十幾年的專業與慣性，初到馬偕的媽利還是表明想做病理（血液病理），但由於病理科林雲南主任的反對，媽利並無法如願，而只好做檢驗科；當時最沒人想做也不會做的就是「血庫」，又爲了原技術主任周龍國先生的不退讓，新來的檢驗科林媽利主任於是接下了這個冷門的工作。

雖然後來專注在血庫相關研究工作的媽利，成爲台灣血液政策、國人血型研究的重要人物，也從而使她在台灣、甚至世界的醫學史上都占有一席之地，但在當時，不能做自己最擅長的病理，只能在檢驗科負責血庫，對媽利不啻是一大挫折；她感到迷惘，甚至懷疑自己在醫院中的意義何在？

還好在美國受訓時學了血庫，雖然一開始猶疑、不安，但在逆境中努力，一直不是媽利陌生的事。這個嬌小的女人常常如此：一邊質疑自己，一邊奮勇向前。

當時馬偕的血庫可謂「家徒四壁」，除了一個醫檢師外，「只有一張桌子、一個冰箱、一台顯微鏡和一台離心機。」顯微鏡是和檢驗大、小便共用的，媽利說：「當時血庫是和urine stool（尿液糞便檢驗）一起作業，血庫除了一台專放血袋的冰箱外，什麼都沒有。」

在這種情況下，媽利常用高醫時期杜聰明校長的話來鼓勵自己，「以前他常常說：做研究是不是一定要有很好的設備呢？他的答案是不一定需要。他認爲很多偉大的研究，都是在很差的環境中做出來的，像居禮夫人和發現細菌的Koch。他這些話在那段時間眞的給我很大的鼓勵。直到現在有些人碰到我還會說：他眞是想不通，當年在馬偕醫院那樣的環境下，我怎麼能待那麼久，而且做了那麼多研究？」媽利說：「事實上，的確有許多研究並不需要很多或很好的設備。」

什麼都沒有的時候，就從最基本的開始。

媽利從編寫作業手冊、教血庫工作人員如何正確地搖動試管、做交叉試驗……做起。在她的建議下，醫院添購了一台當時台灣沒幾家醫院有的「血液交換機」，有了機器，當然也要訓練工作人員操作這台機器。

最寂寞的地方、最棒的夥伴

一九八〇年代初，台灣醫院裡的血液來源、輸血狀況，是現在的台灣人難以想像的；那時，沒有隨處可見的捐血車，捐血的觀念極不普及，一般人深信「捐血有損自身健康」，醫院裡需要的血液，絕大多數由「血牛」（靠賣血維生、謀取利益的人）供給，抽血、驗血的流程沒有統一標準外，血液來自「販血爲生」的血牛，品質亦堪慮。「那時很多醫院都固定養著一些『血牛』，需要血的時候只有靠他們；甚至還要常常看『血牛』的臉色呢！」也因爲輸血來源混亂，當時B肝帶原率相當高，不少病人因輸血造成感染。這些基本的問題，明明白白擺在眼前，媽利當然就有一個看似遙不可及的夢想：要讓台灣的輸血作業「跟上美國的標準」。一切只等時機來到。

一九八三年，媽利加入「國際輸血學會」，成爲會員。當時衛生署也有意革新台灣亂無章法的供血系統，於是邀請當時紐約血液中心主任 Dr. Aaron Kellner 前來檢驗台灣的捐血機構（當時是「中華民國捐血運動協會」）及醫院的血庫。Kellner 後來寫了一篇內容洋洋灑灑的建議書給衛生署，這成爲日後台灣血液政策的藍本。

「Dr. Kellner 提出了很重要的建議，第一，他建議整個國家的血液政策應由政府制定，且由一個捐血系統有計畫地提供及調配全國所需要的用血，血液來源必須全部來自捐血，以提高血液的品質，且須充分提供整個台灣所需要的血。第二，要做研究。他認爲台灣有這麼多材料，應該要做相關的研究。第三，辦理全國有關輸血工作人員的在職訓練……。」

八月，衛生署召開「第一屆血液科技研討會」，並邀請多位國外的輸血專家與會，美國紅血球血型專家李昌林教授也是受邀貴賓之一，他卻不幸在會議結束當天中風病倒，幾天後病逝榮總。這件遺憾的事，讓媽利當時就決心翻譯李昌林教授所著、成爲美國臨床病理的工具書中有關輸血醫學的文章，以做爲紀念。幾年後這個心願結合自己的研究與發現，媽利所著的《輸血醫學》一書，成爲台灣第一本關於輸血醫學的專書，至今仍是大多數醫學院學生的教科書。

當時的衛生署長許子秋，是媽利高醫時的老師，兩人自高醫後近二十年沒見，在血液科技研討會中重逢。許子秋知道媽利去美國學了血庫，也感受到她對健全捐、輸血系統的熱血與使命感，於是次年派她公費赴歐洲一個月，考察先進國家的捐供血系統及血液事業，這也是媽利此後在台灣血液政策及制度建立發揮功能與影響的開始——雖然她的身分一直是一名私立醫院的醫師。

在馬偕檢驗科的研究工作也同時進行著。在這個原本非常寂寞、孤立的地方，先是有一位全力支持她的同仁楊定一，在他口中，媽利是「最棒的老闆」，因爲媽利是個充分授權、充分信任的好上司，兩人共事十幾年，媽利全心做研究工作，楊先生負責管理、行政，相輔相成，楊先生對媽利十分感佩，媽利也說：「他幫了我很多忙。」

另一位「上帝派來的工作夥伴」，是愛爾蘭籍的免疫血液學家鮑博瑞（Richard E. Broadberry, FIMLS）。鮑博瑞曾於一九七九年赴花蓮門諾醫院服務，之後回英國。在一次禱告中，他清楚地感應到上帝呼召他再度到台灣的馬偕醫院服務，於是一九八三年，一位不可多得的好朋友兼好同事「從天而降」，和媽利前後共事十二年。鮑博瑞不但是媽利研究工作方面最好的夥伴，兩人共同完成了多項血型研究計畫；在遇到困難的時候（不管是工作上還是生活上），兩人也常一起禱告、互相打氣度過難關。

台灣當時的供血亂象

現在輸血，是所謂的「血液成分治療」，捐來的血將其中的紅血球、血漿、血小板分開，病人若貧血缺少紅血球，只要輸給他紅血球就好了；但在當年設備與人力都不足的情形下，沒有「血液成分治療」的觀念與作法，於是病人若需要血，「醫院就抽血牛的血，然後把整袋血（所謂的全血）輸給病人。」媽利說：「沒有人知道全台灣的醫院有沒有按部就班做各種檢查？品質又如何？」這些在當時都完全沒有評鑑或檢查機制。「我們的血庫的工作主要就是抽血——抽血牛的血。房間裡常常是一堆血牛等在那裡。當時有個大學醫院更是血牛當家，據說有時候晚上是血牛在幫忙做交叉試驗、抽血……。有些血牛這個醫院賣完又跑到另一個醫院，弄得血很稀，有時候血牛的血比病人還稀，這樣的血我們還是抽，因為血源不足。有的醫院甚至養血牛，給他們住的地方。」

那時捐血中心隸屬於「捐血運動協會」，由內政部管理，是黨營機構，有些職位在當時是酬庸性質的職缺，其中大多數人員都是自「光復大陸設計委員會」退休的長官。捐血中心當時有一位陳凌海總幹事相當努力，他拜託媽利去幫忙，於是從一九八三年到八六年，媽利每個禮拜跑一趟台北捐血中心幫忙他們改善作業，「像抽血時的消毒、血紅素的測定等；也教他們免疫血液學及如何解決血型問題。」此外，最怕在眾人面前說話的媽利也成為「捐血運動宣傳大使」，常上電視、媒體宣導關於捐血的觀念，如：捐血不會有害健康；血液是無價的，不應買賣，只能贈與；捐血一袋救人一命……。有一段時間，媽利是「薇薇夫人」電視節目的常客，定期上電視向國人宣導關於血液的正確、進步觀念，各種演講、座談更多不可數。

那時台灣共有十個名為「紅十字會血液銀行」的組織，分布在台灣十所醫院中，其實就是有價供血──血牛的供血站。「我去國外參加會議時，告訴人家我們的『紅十字會血液銀行』提供的血是血牛的血，大家都驚訝得張大了嘴巴。」媽利笑說：「先進國家沒有這種事情，他們都是捐血制，也是由紅十字會主辦。台灣那時候很亂。」透過捐、輸血可能傳染的疾病不少，尤其是令世人聞之色變的AIDS──「還好台灣提早了一點把捐血系統、血液政策建立起來了，否則眞是不堪設想！像中國就很慘，他們就是因為捐血系統、血液政策沒有先做起來。」

在Kellner來台考察並提出建言後，隨後衛生署召開的「第一屆血液科技研討會」及其他相關會議中，Kellner的意見受到廣泛的重視與討論，也鼓舞了媽利。媽利寫信給Kellner，報告之後台灣在血液政策方面的進展與工作，也感謝他給台灣的指導與建言。那年九月媽利去美國看兒子，順道也去了 Kellner 所任職的「紐約血液中心」參觀。

媽利也開始以「輸血學會」的名義在馬偕醫院做全台灣醫檢師的在職訓練工作，「輸血學會」至今仍然持續這項訓練工作。一九八七年，媽利和幾名志同道合的醫師孫建峰、李正華成立「中華民國輸血學會」，會員也成為這項全國性、長時間的在職訓練計畫的義工。這項工作在剛開始時並沒有專用經費或頭銜職稱，媽利說：「我們這個團隊好像沒有人要搶什麼功勞、出什麼名。從一開始我和鮑先生只是抱著服務的心態，做該做的事。」

四處取經，意外打響知名度

當時的衛生署長許子秋決定派熱心又有使命感的媽利赴歐考察一個月。媽利寫信給北倫敦及巴黎的血液中心，一九八四年七月，她前往這兩處參觀、觀摩；之後到慕尼黑參加國際輸血學會第十八屆會議，再到日內瓦參觀國際紅十字會總部（血液政策部門）。此行媽利不但赴多處「取經」，也結識多位著名的國際血型學家，包括法國血液中心的 Salmon 教授及英國醫學研究委員會血型部門的 Dr. Patricia Tippett。做事相當具有「國際觀」的媽利，在之後數十年的研究工作中，常常向這些前輩、同行請益或請求協助，是一項相當重要的資源。

國際輸血學會的會議中，正巧有一段研討的主題是「開發中國家血液政策的發展」，媽利全程錄音，回台灣後翻譯成中文，不但連續刊載在《熱血》雜誌上，也送了一份給衛生署，做爲考察報告的一部分，之後她自己也常引用這份資料中的內容。這段討論中，其中一位演講人是國際紅十字會血液政策主任 Dr. Leikola，他提到紅十字會對第三世界的工作人員提供受訓計畫，媽利聽了很高興，會後馬上去找 Leikola，問台灣是不是可以派人到日內瓦受訓？他想了一會兒，答案是「不行」，因爲「你們不是我們的會員國」。這個回答讓媽利很震驚，「那時候我就知道台灣的血液事業必須要靠我們自己很堅持地把它做好，我們必須努力自己救自己。」在研討會中，好幾個國家的經驗都是由一個很有使命感的人把國家的血液事業建立起來，媽利說：「我常常不自覺地把自己當成是『那個人』。」

這一次到慕尼黑參加會議，媽利認識了許多來自不同國家、與她做相同工作的人，在台灣覺得很孤單的她，因而覺得不那麼孤單了，這是很重要的鼓舞。

除了工作，媽利也趁此機會遊覽了許多博物館、美術館、教堂，聽了幾場音樂會，還去了阿爾卑斯山的少女峰。「好棒喔！」這些還是媽利最愛的。

同時間媽利的研究工作也在進行中。在發現一些特殊的血型及抗體、做過研究後，媽利會把自己所做的研究結果加上判斷，寄給國外的血型研究中心，請他們給予意見。MP法——一種適合於台灣、簡易快速的配血方法（交叉試驗法）也在這時候發展出來。

媽利曾經就「Rh篩檢」問題寫了一篇文章，投稿到台灣醫學會的雜誌，「我認爲台灣的病人不需要做Rh血型的篩檢，因爲我們和白種人不同；在台灣罕見Rh的抗體，且罕見Rh抗體引起的嬰兒溶血及黃疸。」這篇稿子被醫學會雜誌審稿半年後退稿，媽利很不以爲然，就把倫敦血液中心Dr. Contreras及英國倫敦大學著名教授Mollison同意她的看法的信函寄給醫學會雜誌，結果他們就同意刊登了，這令媽利很生氣，「怎麼對自己的學者這麼沒信心！」生氣的原因還有一個：「我即使投稿《Transfusion》這麼有名的雜誌，他們都在兩個月內回信，台灣醫學會的雜誌審稿竟然要半年！」從此之後媽利有什麼研究或發現，只好投稿到國外的醫學雜誌、期刊。她第一篇關於輸血的文章刊在國外《Transfusion》雜誌上是一九八六年，題目是〈在華人的B_3血型〉，這也是第一次在華人身上發現的ABO亞血型，此後一連串的研究陸續刊載在國外知名的醫學刊物中，久而久之，台灣的狀況與研究在國際輸血醫學領域中逐漸打出名號，媽利也因此聞名國際。

漫天飛舞的國際信件往返

一九八四年歐洲考察回來後，士氣高昂的媽利一頭栽入工作中。整理當年的信件，媽利驚訝地發現：一九八五年間她寫了近七十封信與世界各地的血液研究機構往返！媽利笑說：「喔！我怎麼那麼『大頭』，好像覺得台灣血庫的事情是我的責任，我要把它弄好。」此後每一年的信件往返數量是有增無減，每年都是一百多封信在空中飛來飛去。

一九八四年在慕尼黑參加會議時，國際紅十字會的血液方案主任說台灣不能派人到日內瓦受訓，媽利就轉而找世界衛生組織（WHO）血液部門，希望他們能提供台灣一些輸血醫學方面的訓練機會。來來回回有二十多封信，「我看他們是被我煩死了！」媽利笑說：「其實當年我也不是很確定到底送一些人出去要學什麼、做什麼？只是覺得需要受訓練。」後來WHO血液方案的主任Dr. Lothe終於回信說已經幫媽利找到受訓的機構，是英國Brentwood東北血液中心。媽利非常感謝，不過又得寸進尺問對方是否可以提供經費支助？「結果人家就不高興了。」媽利笑談這些往事，很難想像，這個不會爲自己爭取什麼的人，在工作上卻是這樣驍勇積極。

向外人要不到經費，媽利後來向衛生署「吵」來了一筆經費，可以送四個醫師出國受訓。「鮑先生是其中一個，我想讓他去學單株抗體。」還有三個名額，媽利把消息放出去，結果沒有人要去！「那時我眞是很不好意思，寫了幾十封信拜託人家，讓一堆人忙了半天，結果只有鮑先生一個人去。」一九八六年，鮑先生到美國、英國受訓半年，學單株抗體、組織抗原……。單株抗體可做測定血型的試藥，經過多年努力，後來媽利的研究團隊成功地製造出試藥，也是第一個台灣自己製造的測試血型的單株抗體試藥，雖然未能在台灣上市，但因爲做得很成功，當時被認爲是國際上最好的測B血型的單株抗體，澳洲甚至有一陣子想買下這個台灣研發製造的測定血型試藥。

除了爭取受訓機會，媽利也積極與國外研究單位互通有無、彼此交流，更不放過可以向人家「要東西」的機會。一九八六年，媽利的工作團隊決定要測定一千個台灣捐血人、共三十多種（包括稀有血型）的各種血型，以研究台灣人血型分布的情形，做爲制定輸血標準作業的依據。爲了這項研究工作所需，媽利寫了很多信向國外要抗體和細胞，她也寄了很多台灣的細胞出去，寄最多抗體及細胞給媽利的是Gamma專門負責國際稀有血型血球及抗體交換的John Moulds，日本大阪紅十字會血液中心的大久保康人也是她尋求協助的對象。

同一個時間，媽利正在做紅血球的研究，發現血小板的問題（少數嬰兒在出生時血小板已被破壞而降低），那時媽利把這個她無法解決的問題，寄給巴黎國家血液中心和日本東京虎之門醫院的柴田洋一教授要求協助，「那時就是無所不用其極，想盡辦法。」之後媽利參加國際的稀有血清及血球交換計畫，把台灣一些常見但在別的地方很稀有、甚至沒有的血型寄給其他國家，「他們說：哇！台灣有這種血型，從來沒看過！」

紐約血液中心的 Dr. Lawrence Marsh 是媽利很尊敬的人，他每次都這麼鼓勵媽利：「你們的族群之前沒有人做過研究，妳現在做血庫、血型研究，就像坐在一座金礦上一樣！有挖掘不盡的有趣的東西！」媽利自己也覺得，二十多年來的工作是一種採金礦的經驗。

亞孟買血型

一九八五年，媽利及其工作夥伴首次在台灣發現稀有的「亞孟買血型」（亞孟買血型是孟買血型的一種，孟買血型是稀有血型，首先在印度發現），她把「亞孟買血型」的血寄到美、英、法國，請國際專家來證實。「當我發現台灣有什麼特別的血型時，我會立刻寫一個報告，讓國際上知道台灣有這樣的血型。」除了請國外的血液專家為自己的診斷給予意見外，「最重要的其實是國際上要有台灣的資料。以往台灣是缺席的，我覺得我有責任把台灣的資料送到國際上去。」到後來，台灣的B_3血型還成爲美國精確度調查的檢體呢！

血型的新發現讓媽利非常高興，但對被發現是「亞孟買血型」的人而言卻不是一個好消息，因爲特殊的「孟買血型」被認爲是不能輸一般人的血的，大家認爲「亞孟買血型」和「孟買血型」一樣，不能輸一般人的血。當媽利告訴一個病人「你是亞孟買血型」時，那個人憂心地說，他以後不能騎摩托車了，怕萬一發生意外沒有血可輸。同一段時間內，有一個胃癌病人也被發現是亞孟買血型，有家醫院因爲擔心無血可輸，所以拒絕爲這個病人開刀。這些例子給媽利很大的衝擊，「我不希望我的研究帶給別人不幸。」媽利隨即展開進一步血球存活的人體試驗研究，很高興地發現：台灣的亞孟買血型可以輸一般人的血，沒問題，不像白種人的孟買或亞孟買血型，輸一般人的血會被破壞、引起溶血反應，後來經余榮熾研究發現，台灣的亞孟買血型和白種人的亞孟買在基因上不同。以台灣人而言，約每八千人就有一個是這個血型，亞孟買一般被誤認爲是O型，一個亞孟買A型（自以爲是O型血）和一個眞正的O型人結婚，會生下A型的小孩。在亞孟買血型被發現之前，兩個O型的父母卻生下非O型的小孩，這樣的事情常常引起家庭糾紛、不幸；亞孟買血型的發現，不知還給多少人清白和幸福，這才是媽利所相信、所樂見的：新的研究發現對人類是有益的。

Rh的篩檢

一九八四、八五年間，媽利便已主張台灣不必做Rh的篩檢，這個主張也經過英國著名血型專家的認可，但到現在台灣的很多醫院仍然在做這項篩檢，爲什麼？「因爲有給付。每一個病人到醫院做這項檢查，醫院可以多收七十塊錢。」馬偕醫院自一九八八年就停止做這項檢查，「幾年前他們又再問我，說希望替醫院增加收入，問我要不要恢復做Rh篩檢？我說這有違原則，我還是反對。」關於是否致使醫院收入減少的質疑，媽利說：「這二十年來我用MP法，且自行泡製MP法的試劑，不知道爲醫院省下多少錢。」

關於錢，媽利的態度和大多數人都不同，甚至可以說到了令人嘖嘖稱奇的地步。當年她是高薪被聘入馬偕，到馬偕醫院不久，媽利參加一個關於醫師薪資的委員會，結果她第一個提出的意見是：「我不覺得我的薪水應該那麼高；我希望醫院可以給醫檢人員多一點薪水。」以後就沒有再去開過會了。媽利笑說：「很多人都很驚訝我怎麼會講這句話，但我眞的覺得是這樣。這就是個人的不同吧！像我家暐崧也是，他花用自己打工賺來的錢就心安理得沒有罪惡感，而有些人是錢愈多愈好。」

米田堡血型

在媽利及其研究團隊聞名國際的諸多研究中，米田堡（Miltenberger）血型是其中一個重大的發現。一九八〇年代，媽利在馬偕醫院一名病人身上首次見到米田堡血型，原本以爲是稀有血型，後來發現，這個對白種人而言是極少見的稀有血型，在台灣卻不是，「在台灣，有7％的人是屬於這個血型。」爲什麼叫「米田堡」呢?媽利笑著說：「漢堡（Hamberger）大家都知道嘛，我就想，就叫它『米田堡』好了，這樣大家都會記得。」其實早在一九六〇年代，泰國就曾經發現有這個血型，但當時並未察覺到這個血型的重要性，所以沒有進一步研究。「在台灣，它是A、B、O血型之外，最重要的血型；在台灣有許多人帶相關的抗體，會引起輸血反應，可能致死；還可能造成新生兒溶血（黃疸）症。所以台灣應該要非常注重這個血型，而不是Rh血型。」在媽利及其研究團隊的研究、發展及倡議後，一九九〇年代，衛生署將米田堡血型相關的檢驗列爲輸血前必做的檢驗，以確保輸血安全。爲了這個血型「重要不重要?」媽利還曾經和香港輸血專家打筆仗。然而到現在，整個沿太平洋的亞洲地區（包括香港），都發現了米田堡血型的重要性，也都紛紛效法台灣的輸血作業、處理方法。現在米田堡血型變成東南亞最熱門的血型，大家都在討論。媽利後來由米田堡血型進一步做族群關係的研究，發現長江以北的中國人沒有這個血型（0％），日本人也沒有米田堡血型；長江以南的中國人是4％；和台灣比率最相近的是泰國，7％；而台灣原住民的比率最高，「卑南族21％，蘭嶼的達悟族34％，阿美族最高，88％—95％。」這是世界上最高的比率，研究結果發表之後，引起國際上許多學者的震驚與注意，「近來我們研究室的許淳欣甚至證明這血型的分子關係到紅血球二氧化碳的容易排出，所以帶這血型的人較能忍受激烈的運動，難怪台灣國際級的田徑選手大部分來自阿美族，如亞洲鐵人楊傳廣，還有古金水等。」媽利說。

B型血變O型血

一九八五年八月起，媽利和淡江大學的簡素芳教授合作一項「把B型血變O型血」的研究。媽利和簡教授是舊識，在德州時就認識了，「她的專長是生物化學，研究從植物中萃取酵素。」當時捐得的血總是不夠，但是很奇怪的，B型血總是過剩，「並不是B型人捐血比例特別高，這是一個觀察的結果：B型的人就是比較不會用血吧！很奇怪。」而O型血永遠不夠（其次是A型），於是他們想：如果能把B型血變O型血多好！從芋頭中萃取一種酵素，就可以改變血型。這個聽起來像神話般有趣的研究後來成功了，但沒有繼續做，爲什麼？「如果我們要把一毫升的B型血變O型，需要一公斤的芋頭。在以前缺血的時候也許還可以考慮用這個方法，後來捐血的觀念普及之後，不缺血了，就不需要了。」不過，簡教授後來轉以基因工程製造酵素，做成功了，對一些相關研究有很大的幫助。

說到從植物中萃取酵素以改變血型，「不是我們第一個想到的，第一個這麼做的人是美國紐約血液中心的 Dr. Goldstein。」Goldstein 從咖啡豆中萃取酵素，把B型血變O型，「一九八三年他就做出來了。」但研究工作都是一步一步前進的漫長過程，「多年前我還看到他的一篇文章，說他把整袋血從B型變O型，然後輸給O型的人，成功了。」媽利說：「你看看，他做這個研究二十年了！簡教授也一直在努力，我很希望將來她成功地把一袋血變成O型血，再輸給O型的病人，這將是很重大的突破。」

醫院血庫評鑑

一九八四年底至八五年春，台灣開始第一次全台教學醫院血庫評鑑，在此之前，「從來沒有人知道台灣各個醫院的血庫是什麼情形？怎樣作業？」衛生署拜託媽利去看看台灣醫院的血庫，「這工作我當然沒辦法一個人做。」那時「中華民國輸血學會」（幾年後改爲「台灣輸血學會」）還未成立，只有一個「中華民國血液病學會」，媽利是會員，於是她拜託血液病學會的會員幫助她完成評鑑。「我們那時決定先看規模比較大的教學醫院。」台灣有幾十家這樣的醫院，媽利還記得看過一些可怕的血庫情況：血庫和大小便檢查一起作業，就像以前的馬偕醫院；沒有冷氣、西曬、房間熱得一塌糊塗；通風也不好，味道很可怕；工作人員穿拖鞋，衣服很髒，去的時候人還不在。這情景令媽利懷疑：到底有沒有血庫？只看到幾袋血放在冰箱裡。「我記得那時我罵那個醫院罵得很凶。」「罵人」這件事實在很難與一貫溫婉的媽利連在一起，她笑說：「我去評鑑時就直話直說，說不出漂亮的客套話。」但媽利不會在其他人面前罵工作人員，頂多私底下一邊看一邊罵；多數時候她是向院長反映，直言血庫的環境太差，要裝空調，房間的照明要改進，工作人員要增加，要讓他們受訓等。從一九八四年到二〇〇一年，媽利做了近二十年評鑑工作，「我算是最元老的一個。」

當時頭一遭做評鑑，沒有人知道該怎麼做？「我們必須設計一個評鑑表，詳列評鑑項目，並要求醫院先給我們一些基本資料。」媽利先和衛生署的石美春（後來變成媽利的乾女兒）、後來和長庚醫院的孫建峰一同努力，參考一些國外的做法，加上自己的構想、設計，讓這一切從無生有。

第一次血庫評鑑結束後，衛生署感到整個台灣的檢驗都不行，相當混亂，沒有品質，也沒有品管，於是又拜託媽利爲台灣多所醫院的「檢驗」做評鑑。「哇，這個範圍可大了，除了血庫之外，還有生化、細菌、血液、免疫……，整個都要評鑑。」衛生署找了媽利和一些做臨床病理的人來，重新研擬一份評鑑格式、內容流程等，一九八六年開始全台醫院檢驗的評鑑，「當時我們還沒有清楚察覺到這件事的重要性，後來才覺得：還好那時就開始做醫院檢驗的評鑑。」由於在一九八六年開始做檢驗的評鑑，所以自次年起，「檢驗」也列入整所醫院的評鑑之內，占整個醫院評鑑成績的百分之十，「一所醫院能不能升級，評鑑的分數很重要。先前檢驗不在醫院的評鑑項目之內時，檢驗的水準如何，醫院較不在乎。」之後每所醫院對檢驗不得不重視起來，「我們這些評鑑委員有什麼批評、建議，醫院就立刻改進。十幾年來，許多醫院的檢驗都有一定水準，不管是空間、人員、作業、儀器等，都很現代化，這都是起因於開始做評鑑。」媽利笑說：「其實我對檢驗也是影響不小，有功勞。」

強韌、柔軟的波斯菊

一九八六到八七年，媽利每個月都有評鑑工作，台灣各地到處跑。一九八七年五月到澎湖吉貝島的評鑑，是這許多次評鑑中令媽利最難忘的一次：「吉貝島好漂亮，沙灘是白色的，夜晚滿天的繁星。」幾個同行的委員包含榮總的陳博文醫師，都被美景迷住了，他們不肯睡旅館，一個個把棉被抱出來睡在沙灘上，一排人躺著看星星。到現在當年同行的朋友還不時會提起這段經歷，「眞的好美！」

歷經幾年來的努力，台灣的整體輸血環境、血液政策漸入佳境。回首當年努力的過程，媽利說：「整個過程是漸進式的，在大家可以接受的範圍內慢慢建立、改變，沒有革命……。我覺得『沒有革命』是很重要的一點，因爲我這個人很不喜歡紛爭。」就像她最喜愛的花是波斯菊一般，柔軟的，色彩繽紛，有著強韌的生命力。曾經有一陣子許多人以爲她最喜歡玫瑰（因爲朱醫師編了一個美麗的謊言，常常告訴記者：他爲媽利種了玫瑰，說每天採一朵玫瑰送她），但其實「我不喜歡玫瑰。玫瑰有刺，太華麗，也太硬了。我這個人是沒有刺的人。」

革新台灣的血液制度，捐血中心的改革是免不了的；而在一位「將軍」接掌捐血中心後，改革被迫得用更迂迴的方式進行。一九八六年，台北捐血中心募捐到的血是二十四萬五千袋，將軍接掌後，八七年反而下降為二十二萬袋，「我們都很生氣。」當時台中捐血中心的捐血人口比率最高，有4・49％，高雄捐血中心為3・87％，相較之下，台北捐血中心成績最差，只有2・62％。一九八八年，媽利及孫建峰、李正華等夥伴們，開始全台捐血機構的評鑑工作，之後建議政府：捐血中心必須改為隸屬於衛生署。當時媽利為了此事，特別去拜訪李國鼎先生，請他幫忙，於是之後掌管捐血中心的「中華血液基金會」成立，隸屬於衛生署，從而改變了「捐血中心隸屬於內政部」的舊規；媽利與幾位醫師被聘為血液基金會的顧問，就此對捐血中心具有較大的影響力。「當時許子秋老師已過世了，任醫政處處長的葉金川相當用心……。我們就是在朝、在野一起努力，要把台灣的血液事業做出來。」

到了一九九二年，捐血中心已能捐到足供全台灣醫院使用的血，血牛絕跡；媽利在一九九五年退出捐血中心的所有評鑑工作，「接下來的讓年輕人去做。」在促成台灣血液政策進步的同時，媽利和她的研究小組也不斷有新的研究發現問世，以一九八八年為例，媽利就有一百五十八封國際信件往返，內容不外乎一些新血型的發現、研究、討論，寄送及交換抗體、紅血球，送台灣的醫師出國受訓、邀請專家來台等。

把一個國家的血液事業重任放在心裡

一九八六年馬偕醫院成立了「研究科」，院方屬意媽利任研究科主任，媽利答應了；但不久她發現：自己並不適合做一個管理的人，第二年便堅辭主任之職。不久，「有時候我們的同工抱怨我們的實驗室遭受不太公平的待遇，然後才恍然大悟：喔，怪不得大家都搶著要做什麼官，原來做官就有些權力。我不做主任後才眞的了解、體悟到了，但已經太遲了。」媽利大笑。說歸說，但眞要叫她做，「我還是不想做。這是個性、脾氣的問題。」

同年底鮑先生受訓結束回台，帶回很多新技術、新成果，「我們忙得不亦樂乎，每天都有很多新的東西。」「中華民國輸血學會」籌組時，媽利的表現與成績有目共睹。一九八七年，在台大陳瑞三教授的安排下，媽利赴日本大阪演講，談怎麼把台灣的捐輸血系統做起來。此後，媽利曾赴世界許多地方談建立台灣血液政策的經驗。

此外，當時台灣所有的醫生都用「全血」，不會用「血液成分」，媽利大約每個月有一場「血液成分」的演講，到不同的醫院向醫界同仁宣導。一九八八年，由衛生署委託、成立於馬偕醫院血庫的「輸血諮詢實驗室」也開始運作，用以協助國內各醫院解決輸血時遇到的問題與困難。「其實當時學輸血專業、從國外回來的醫師不只我一個，但我就是比較雞婆啦！我一直在想，這是上帝把一個國家的血液重任放在我心裡面，我想甩掉都不行。」

親子鑑定

台灣的親子鑑定，媽利是拓荒者。

由於在血液研究方面的名聲，不但許多醫院遇到血液方面的問題會找上媽利，民間也有一些人透過管道找到她，拜託她幫忙解決棘手的難題。

有一位母親來找媽利，她和先生生下的小孩，檢查的結果竟顯示，小孩不只不是先生的骨肉，甚至她也不是孩子的母親！另有一個母親也來求媽利想辦法還她清白，她的丈夫做了個夢，夢中有人告訴他：他的兒子不是他親生的，丈夫為這事與妻子吵了幾個月。媽利本來不喜歡做這些和法律有關的事，接觸這些案例後，她感覺到自己無可避免有一天會碰觸到這些問題。眞的開始做親子鑑定，是因爲台大醫學院想開設親子鑑定課程，所以法醫學科的方中民先生，就邀請媽利去開課。「一九八八年我就派人到美國學親子鑑定，也在同一年開始收件。」媽利說：「現在台灣有很多實驗室做親子鑑定，不稀奇了；一九八〇年代台灣沒人敢做這個的時候，很是風光一時呢！」自稱數學很差的媽利，爲了計算親子鑑定當時用的血型、組織抗原的基因頻率很傷腦筋，「那時買了很多書看，常常看不懂。」往往爲了一個案子要算上一整天（現在很快了，後來馬偕研發的電腦程式幾秒鐘就算出來了）。媽利不是很想做親子鑑定，「但又好像不得不做，因爲我是做血型的。我覺得我常常把很多工作攬在自己身上。」到現在媽利在馬偕的團隊仍有做親子鑑定，身爲台灣親子鑑定先鋒的她說：「現在進行到很可怕的程度……。」什麼意思？「要求做親子鑑定的件數愈來愈多，而社會也很亂。」媽利笑了。

一九八八年至一九九八年，媽利的團隊在「親子鑑定」方面一枝獨秀，九八年之後才有別的實驗室開始做，「因爲有比較簡單的DNA-STR方法出來了，以前非常麻煩。」在其他的實驗室開始做親子鑑定之前，到媽利的實驗室做親子鑑定的家庭，大概要排隊等上半年。不是因爲生意太滿，而是媽利的「原則」：「我在醫院血庫主要的工作是研究、改善病人輸血的安全，親子鑑定不應該是主要的工作。」雖然做親子鑑定可以爲醫院帶來不錯的收入，但媽利一直限制接案件數，「每個禮拜最多做三件。」

輯七

中央公園裡的台灣母親

前頁圖說／一九九二年七月，以交換學者的身分到荷蘭阿姆斯特丹的CLB血液中心實驗室做白血球研究。在實驗室的討論會學習到許多知識。左一為媽利最尊敬的老師Prof Paul Engelfriet，右為媽利。

與孩子分離的焦慮母親

初返台時工作方面的不順利使媽利焦慮不安，但最使她放心不下的，還是在美國的兩個孩子，「每天早上醒來的第一個念頭是：不知道他們在做什麼？」晚上睡覺前想的也是這個，夜裡醒來掛心的還是這個，媽利的習慣性焦慮在與孩子分開後似乎更形嚴重，「只能常常寫信、打電話給他們。那時候每個月電話費都是一、兩萬塊。」掛慮遠方的孩子，使她常常心神不寧、坐立不安，「有時候小孩會突然打電話給我，因爲他在紐約迷路了，不知道怎麼回學校？我只能跟小孩說：趕快去找警察。」媽利說：「類似這樣的事情，會讓一個母親相當著急。」

媽利也拚命寫信給在紐約附近的朋友、舊識，包括她的學生楊士宏，請求拜託幫忙照顧她的小孩，「他們有時候需要有人接送，放假時需要有地方可以去。我就是很著急寫信給很多朋友，請他們幫忙。」媽利說：「現在再回想，我有時對一些朋友有怨言，覺得他們對我的小孩照顧得不夠，我想這是我的錯，是我要求人家太多了。因爲我不能在孩子身邊，難免就會期望別人能代替我多照顧我的孩子，但他們自己往往也有許多困境、問題要面對。那時候我比較沒有考慮到別人的立場。」

罹患乳癌

回台灣半年多後，一九八二年五月，媽利的病史再添一項紀錄——這次是乳癌。

獲知此事時，媽利的第一個反應和每個病人一樣：「怎麼會是我？」因爲自己是學醫的，比一般人多了一份鎮靜，她立即自己看病理切片、診斷，確定眞的得到癌症的一刻，也等於是面對死亡的一刻，「我只求上帝一件事：讓我活著看孩子長大。」

媽利很快動了手術，在醫院住了一個禮拜，出院在家休養了三、四週，「慢慢復健，練習把手抬高……，因爲胸部的整塊肌肉拿掉之後，手的運動會受影響。」之後她就恢復上班。

手術後做了半年化療。由於媽利曾罹患「再生不良性貧血」，白血球較少、骨髓較弱，所以之後的治療只能「淺嘗即止」，「像吃味素一樣。」藥吃了半年，例行檢查（乳癌一般要追蹤十年，十年以上仍有可能再發）媽利是「想到了就去做一下」，看看有沒有骨頭轉移。三十幾年來，「我很幸運，雖然我工作很忙、心情也不好，但我還是存活下來。眞的是感謝上帝。」

開完刀後媽利和孩子通電話，孩子一定是被「可能失去媽媽」的恐懼深深籠罩，因爲電話接通時他們拚命喊著：「媽媽，媽媽，媽媽……。」「我一直說：是我，是我！他們還是在電話裡不停地大聲喊。到現在我的印象還很深刻。」媽利笑說：「大概他們也很著急：如果媽媽死掉的話，他們怎麼辦？」

在得到癌症、開刀治療的期間，因爲一個學生想到美國進修，媽利於是寫了一封信拜託當時人在紐約的葉曙教授。媽利並沒有告訴葉曙她得乳癌的事，「大概他從別人那裡聽到了，所以接到我的電話他嚇了一跳。」後來葉曙寫了一封信給媽利，信中說：「……妳的聲音還那麼開朗響亮，我簡直不敢相信妳是罹癌的病人……。妳那麼熱心地操心學生，置自己的病於度外，在這種情況下還努力提拔後進……，妳高尙的人格讓我折服。」媽利笑說：「葉曙教授竟然這樣寫！他從來不會這樣的。」

超脫的生死觀

曾經罹患乳癌，對媽利來說好像不是什麼值得一提的大事。五年後她在一篇談到生死觀的文章中開宗明義就這麼寫：「其實，我早就忘記自己曾是個癌症病人。」

從事病理研究這麼多年，不知解剖過多少屍體，看過多少各式各樣的病人，也接觸過許許多多的癌症病患，什麼樣的病情會轉移成什麼樣的病，我都很清楚。對人的疾病如此熟悉的情況下，我早就對死亡看得很淡。我想，死亡對我而言，是生命的一個過程而已，我相信死後，有一個靈魂的歸宿。我記得一則故事——有一個人在溪邊垂釣，看到一隻甲蟲在水裡爬，牠很奮力地向上爬，最後爬出水面靜止不動。甲蟲死了，然後，從牠的殼中出現美麗的翅膀，漸漸的，一隻蜻蜓脫殼而出，在陽光下展翅飛去……。我想，生命的現象，也是這樣。

——摘自林媽利〈生命的價值〉，一九八七年

在生命觀方面，父親也曾給予媽利深刻的影響。大學時媽利罹患「再生不良性貧血」，當時醫生說：「以後妳就只有靠輸血活下去，而且妳的腳還不一定能走路。」父親把媽利帶回家，自己幫女兒治療。當時媽利一再追問父親：「我以後會跛腳，一個女孩子那樣不是完蛋了嗎？醫生都放棄了，我會不會死掉？」父親就說了一個故事：「山谷裡的小花，白天開，晚上就謝了，妳能說它的存在沒有意義嗎？就在它綻放的那一剎那、那一天，它讓山谷變美麗了，因此小花就有它存在的意義。」父親說：「也許上帝要妳早一點回去也

說不定，但是妳存在，就是有妳存在的意義。」父親的這番話讓媽利深深折服，以後她也常常對別人說這個故事。

總是想讓孩子擁有最好的

手術後還在化療中，那年聖誕節媽利到美國與孩子相聚。孩子的父親沒有去嗎？「他不會去。我從來沒有想到他要去。而且，如果他要去的話，我可能會說：你去好了，我不要去。」由於生病的勞累，媽利一上飛機就呼呼大睡，醒來時已經到了紐約。坐媽利身邊的一位先生嘖嘖稱奇，「他跟我說：小姐，我眞服了妳，妳怎麼能夠整個航程都在睡？妳一定是非常有福氣的人。」

每次到美國看孩子，一下了飛機，媽利就在機場租一輛車，直接開車上長島的高速公路到孩子的學校 Stony Brook，幫他們洗衣服、搬東西、辦事……。在長島、紐約、紐澤西州的公路上奔馳，一個星期下來，往往開車超過一千哩！最後這個媽媽再開著車回機場，匆匆忙忙跳上飛機回台灣。

孩子在美國生活三、四年後，一切漸漸令媽利更放心。兩個孩子學習成績都好，在學校打曲棍球、摔角、長跑……。那年聖誕節，母子三人和紐約皇后區改革教會的台灣人一起到西點軍校度假，媽利帶回一張印有軍校祈禱文的卡片，她尤其喜歡其中的字句：「求上帝賜給我們力量，不用一半的眞理（即似是而非的眞理），去犧牲眞正的眞理。」因爲很喜歡這段禱告文，媽利影印了多份，如果有朋友遇到困難、煩惱時，她就把這段禱告文寄給對方。

媽利是一個停不下來的母親。在乳癌手術後兩、三個月，她就開始忙著寫信給美國的一些「明星學校」，想讓孩子轉到更好的學校念書，也幾次飛到美國帶他們去面試，「之前在Galveston只是很緊張地要幫小孩找一個學校，他們願意接受我的小孩我就很高興了；但後來我發現Stony Brook可能不是最好的學校，所以我又想找更好的。你看，人都是這樣子。」

在安排面試、請學校寄成績單的過程中，媽利接到Stony Brook校長的信，希望她除了「名校」的考量之外，也能考慮宗教教育及孩子們的適應等因素。「現在我覺得Stony Brook是非常棒的學校，兩個孩子畢業之後還非常懷念。」媽利說：「這些我都是後來才了解的。他們學校的校徽上有一句話：“Character before career.”（建立你的人格在你的事業之前），這也可以說是那所學校的校風、宗旨。」轉學到「明星學校」之事，後來就在孩子的反對下不了了之。

母親的心是猶豫擺盪的，有時覺得讓孩子留在美國是好的，有時候又覺得還是和孩子在一起好。媽利想過，孩子回台灣念高中一定無法適應，還將面對聯考的壓力和痛苦，她也曾想過讓孩子回台灣念美國學校，但探問結果，必須是美國公民才可就讀美國學校，媽利於是作罷。

妻子、母親、女兒三種角色

一九八三年，媽利和朱醫師一起到韓國開會，「其實我們只有兩次一起出國的經驗。那次去韓國讓我非常不舒服。」在機場要出境時，兩人正要上樓登機，突然有一隊日本旅客打橫通過，朱醫師一鼓作氣衝了過去，媽利卻停下腳步讓他們過，這使朱醫師很不高興，「沒跟著他一起衝過去，他說我崇日……。到現在我也搞不太懂他爲什麼生氣？」之後的四、五天旅程中，朱醫師都不和媽利說話。

兩個孩子在美國，老大迷上了角力、日本忍者，老二成了長跑選手、參加合唱團。成績也沒讓媽利擔心，尤其老二暐崧，念 Stony Brook 的第二年就拿了全班第一。個性像媽利的老二，是個很乖、很敏感的孩子，在那個時候，「他說，全世界有那麼多戰亂、饑荒，非洲有那麼多人餓死，他為什麼可以吃得飽、穿得好，過那麼舒服的生活？」心裡很不安。「我也有這樣的問題，好像無法面對別人的苦難。」媽利說：「還好我沒有做臨床醫師，我常常無法面對別人的痛苦，會覺得：我怎麼可以這樣束手無策？」媽利最怕在路上看到流浪狗。

老二常常和媽媽通信，會寫自己的心情、描述季節與環境的變化；每天早上他和同學一起祈禱、讀《聖經》，晚上一起念書，清晨有時和老師一起去釣魚。有一陣子，他和少年團契的夥伴一起去探訪位於紐約唐人街的一個教會組織，那是一些移民來美、生活貧困的華人孩子聚會的場所，看到那些孩子窘困的環境，之後他就投身幫助他們，譬如募款為他們成立一個圖書館、讓那些孩子有錢去參加夏令營……。不但打工，也把自己的一些東西賣了去幫助人的老二，在給母親的信上寫著：「我很高興聽到你們決定不買新房子了。」他認為，有錢的基督徒，並非義行。

媽利的老大暐濤是一個活潑、好強的孩子，個性和弟弟完全不同。也許由於父親對小孩成績的重視，他很在乎成績，考得好會讓他很高興。媽利常為老大祈禱。

那時媽利的父親在日本行醫，隔洋以信件關懷女兒，他擔心女兒的健康：「一天到晚只是埋頭研究、工作，不懂得休息，沒有好好照顧自己。」媽利笑說：「我眞的是這樣！就是一直工作，吃也沒好好吃。」父親教媽利該怎麼吃、吃什麼，也鼓勵、開導媽利。這封在媽利口中是「父親寫給我的一封最好的信」，多年後她仍然保留著。

機場失聲痛哭的女兒

一九八三年十一月，媽利的母親在美國印第安那州的弟弟家過世。那年三月母親要去美國之前，媽利就發現她嚴重貧血；媽利幫母親輸了血，「但有很厲害的輸血反應，所以我也不敢多輸。」她問母親要不要留在台灣？母親堅持要去美國兒子秀人家。媽利打了電話告訴弟弟母親貧血的事。母親去美國後，「那一年剛好我弟弟在準備考專科醫師，我媽媽也不太敢跟他講自己身體的事。」那年七月，媽利父親最要好的一個弟弟（七叔，楊明叔叔）在洛杉磯過世了，「她很難過，說要去看他，但我七嬸考慮到她的身體，要她不要去，兩個人就在電話裡哭。」

十月，媽利收到從美國寄來的母親骨髓的片子，「我就知道糟糕了，我要趕快去看我媽媽！」那時因護照的問題，她多等了幾天才動身，「在我要去美國的前兩天，我媽媽打電話給我，她一直哭，說她全身都痛；我說沒有關係，我會馬上過去，我已經跟醫院請了長假了。」但當媽利趕到時，母親已經過世十二個鐘頭，「……我太慢了。」

第二天，媽利參加母親的火化、喪禮儀式。母親去世了，她也沒有了留在美國的理由，第三天她就要回台灣。在機場，航空公司的人員告訴她：沒有機位。媽利控制不住地當場哭起來，她跟機場的工作人員說：「我本來要來這裡照顧我媽媽，我媽媽過世了，現在我要回家。」

母親，至今媽利仍不時整理與這位生命中極重要的人的關係。隨著年齡增長，是愈來愈濃的反省、體諒與疼惜。

空中飛人，多重角色

一九八六年五月，媽利到長島參加老大的高中畢業典禮。老大申請到賓州 Lewisburg 的一所長春藤大學 Bucknell University，是美國當時十個最好的大學之一。媽利高興地帶著兒子到 Lewisburg 報到、安排生活諸事，拜託住附近的老同學林梅甫幫忙照顧她的孩子。

雖然母子分隔兩地，但兒子生命中的許多重要時刻，媽利常常陪伴身邊；兩個兒子高中畢業後，都是媽利陪著在星期天下午沒車沒人時到shopping mall的停車場去學開車、考駕照，考上了駕照，就幫兒子買車。

參加完老大的畢業典禮、安頓好兒子後，媽利飛到雪梨開會，遇到以前在德州的老師Jack Alperin，高興地和大家一起吃飯、喝酒、跳土風舞……。六月，媽利帶著老二回台，中途經過東京去看父親，再到大阪參加會議……。空中飛人般的媽利，同時履行著醫學研究者、母親、女兒的角色。

一九八七年五月，媽利的老二高中畢業，媽利又飛到美國。老二申請到威斯康辛大學，媽利帶著兒子到Madison報到，也在shopping mall的停車場教老二開車，九月到巴黎參加單株抗體會議，十一月到佛羅里達州參加美國血庫協會的年會，發表「台灣的血液方案」演講。

對「母職」的深刻感受與委屈

一九八八年底，讀大一的老大暐濤突然說要休學，做母親的又慌了。爲什麼要休學？「他說覺得很累，不想念了。我也搞不清楚，這些小孩喔……。唉，眞難搞。」媽利原想拜託在美國的弟弟暫時收留兒子，卻面對親人對她「沒有盡到母親應盡的責任」的批評。媽利又飛到美國，開了兩天車把兒子從芝加哥接到紐約，也幫兒子找了一份圖書館的工作，但孩子後來又說不想待在紐約，想回台灣。那段時間，著急的媽利爲了兒子的事更頻繁地祈禱。

那時她也掙扎於「是不是應該放下一切，到美國陪伴孩子？」但當時確實有很多重要國家血液政策的工作在進行中，媽利再三思量，即使去當「盡責的母親」，還是無法把台灣的一切放下。「那時候很困難，眞的很困難。」老大出狀況，老二功課也退步，媽利那段日子又陷入極度的焦慮中。

在當時的情形下，身爲一個母親是更不敢貿然辭去工作的，因爲她非常需要一份收入來支付孩子們昂貴的學費、生活費。一切的憂慮，只有懇求上帝。

後來老大回台灣，在麥當勞打了幾個月工之後，決定再回美國念書。「氣死我了！」媽利笑說。後來媽利的老二念完大學，做了四年的研究助理，看到美國年輕亞裔移民的需要輔導，改念神學院，已在當牧師，且已結婚成家、育有六名子女；老大在轉了一圈後回去念完醫學院，已當醫師。媽利先後爲孩子買了一房一廳的小套房，有時這位母親會說：「還好他們有我這個媽媽在經濟上支持他們，不然看他們怎麼辦？」

關於「母職」，媽利有深刻感受與掙扎、委屈。「以前每次母親節上教會做禮拜，我都會哭得半死，有時候弄得身邊的人也跟著我哭……。每次我都覺得很不好意思，又搞不清楚為什麼自己會哭得那麼厲害？」原本她以為自己是為過世的母親而哭，「後來才弄清楚，其實我是為自己身為一個母親的辛苦而哭。」

把兩個孩子留在美國，在當時原是一個母親擔憂台灣的未來、為孩子所做的最好安排，但結果除了自己得長期忍受牽掛、焦慮、自責之苦，孩子、親人有時也對她有所怨言。「送孩子去美國，我也是不得已的，沒有一個媽媽願意把孩子送到那麼遠的地方……。」再說起這件事，媽利又紅了眼眶、哽咽了聲音。為了這個不得已和委屈，這個母親掉了很多眼淚。

一個在中央公園的母親

一九九四年秋天，媽利到美國看老二暐崧，順便找以前一起畫畫的老同學藍碧貴一起去遊覽嚮往已久的 Yosemite 國家公園；去紐約看老大，然後一個人在紐約中央公園的草坪上寫下這段札記：

到芝加哥暐崧那裡，我帶了漂亮的戒指和項鍊，要送給他未來的妻子……。在來之前，我打算著將來退休，將有一半的時間在美國、一半的時間在台灣，甚至計畫將來也許在暐崧家隔壁買個房子，但一星期住下來，發現暐崧就和過去的我一樣，對父母有愛，但也有氣。回想我對媽媽，也是覺得我應該讓她快樂，但也氣她。記得在Galveston時我說：『她讓我沒辦法生活下去。』這是否要同樣地出現在兒子身上呢？暐崧對百齡說話的態度和對我的態度不同，讓我有些傷心。他說他已經將百齡的家當成自己的家，他有一個歸屬感。記得在芝加哥我向上帝禱告，感謝祂給暐崧的祝福，但我已不想在美國擁有一個房子了。當我看到老同學王啓川時，我差不多是含著眼淚告訴他：『我失去了一個兒子。』現在在中央公園的陽光下，我似乎聽到上帝告訴我說：『這就是人生，孩子總有一天要離開父母的。』我想起星期天在暐崧家，看到電視上非洲的母老虎在哺育小老虎、顯現母愛的鏡頭，是否人類的母愛也是本能的一種？而我竟把它弄得神聖化與複雜……。

在陽光下，望著深秋的落葉，黃葉、綠葉和紅葉在微風裡飄動，鳥聲和近處球場小孩和父母的喧嘩……。坐在長凳上，浴在陽光裡，我覺得我必須要好好的面對自己與孩子的關係。走過中央公園看到媽媽和小孩子玩旋轉木馬，傳出《紅河谷》老歌，想起兩個兒子小的時候，帶他們去坐旋轉木馬的情景，我眼眶就濕了。爲何我竟是這麼多愁善感……。

女性研究者的幸與不幸

總是把自己的每個角色扮演得非常好的媽利，在學生眼中，也是一個好老師。多年前媽利的一個學生、成大的林秀娟教授，曾寫了一篇短文如此描述媽利：

望著正在台上發表世界級學術研究成果的她，典雅睿智，風采如昔。想當年，她可是醫學院的萬人迷呢！她代表了人生所有幸福的夢幻組合，諸如：美麗聰慧，成功的事業和美滿的家庭……。還記得二十五年前的那個下午，和班上一群仰慕者去她家拜訪，淘氣的兒子坐在她膝上鄭重地向我們宣布：「我媽媽是全世界最棒的媽媽！」她臉上的笑容和那天的陽光，至今仍閃爍於我腦中。然而這所有的完美，對於當年自認青澀平庸的我，卻只是遙不可及的夢想。

嗣後，留在我記憶匣中的幾幕場景，卻是較清晰而眞實的畫面。一幕是她手術後不久，忍著傷口的痛，捧著結婚禮物送到我家，嘴裡還直說：「對不起，來晚了。」另一幕是我甫回台，即聽說她丈夫的傳言，揹起女兒，趕去她家「拜年」。後來她獨居山間，忍受著孤寂和精神病鄰人的騷擾，削瘦疲憊的面容，令我不忍。幸好，憑著堅強的信心，她勇敢地走過來。更令人欣慰的是，在人生向晚的黃金時分，重拾相隨到老的幸福。對於這一路經歷的波折，她不曾矯飾掩藏，而能眞誠地分享她的起落憂喜。對我而言，她不再是那個童話世界裡的公主，而是像一座燈塔，當我浮沉於大小波瀾之際，遙望前方溫柔堅定的一縷燈光，讓我知道儘管筋疲力盡，也一定要撐過去……。

做爲一名傑出的醫學研究者，同時也曾是辛苦的女兒、母親、妻子……。憑著韌性與信心，媽利走過苦寒荒漠，終於到達豐盛之地，對於「女醫師」或「女性科學研究者」的生命困局，媽利有一番過來人的深切體會，這是媽利當年的演講稿：

這些日子我一直在想，女性從事科學研究的人眞的很少嗎？看看許多研究單位的研究室和實驗室，差不多全都是女性的研究助理；再看看研究室的高階研究員和主管，差不多全是男性。那些女性的研究助理後來到哪裡去了？在我從事三十多年的研究生涯中，我遇到過許多優秀的女性研究者，她們在不知不覺中消失了，她們是回家去照顧孩子了。

記得母親節時牧師曾經說，上帝把祂無微不至的愛放在每個媽媽的心裡。女性研究者當然也不例外，所以從她當媽媽的那一天開始，除非有一個地方讓她放心地寄放嬰兒，否則她會坐立不安地工作，最後只好辭職在家裡當全職的媽媽。

另一方面，女性在選擇職業時，有時要面對性別的歧視。曾風聞台大醫院某一科不收女性住院醫師，有的科是即使收了女醫師，不管她多優秀，就是不能當總醫師，所以女性在選擇職業時，會自動選擇較沒有競爭的科目，不必值夜班的科目會更好。我本身在讀完台大病理研究所後生了老大，本來病理的工作不怎麼適合我，我還是待了十幾年，最大的理由是晚上不用值班，還有當時沒有多少人願意做病理，所以競爭的壓力小，我可以安心地一邊工作、一邊當媽媽。每當我向人提起這事，大家都哈哈大笑，覺得不可思議。後來我改行做比較適合我的輸血醫學，這行業也是當時沒有人願意做的。從這些可以看到，我一直在夾縫中求生存；但是從另一個角度來看，從事沒有競爭壓力的工作是福氣，使得我可以穩紮穩打地在輸血醫學領域中努力，開闢另一個新的天地，因而幸運地被提名與聯合國教科文組織合辦的 Helena Rubinstein 國際傑出女性科學家獎。在這裡我們看到女性研究者的幸與不幸。

我還記得我剛剛做媽媽的時候，最羨慕的是澳洲袋鼠媽媽，因爲她把小袋鼠帶在身上到處跑，不必擔心孩子在家能不能得到好的照顧。最近的新媽媽就比較有福氣了，像馬偕醫院在十幾年前就開辦托嬰及托兒所，台大醫院稍後也開辦了類似的托兒所，我想在機構中開辦托兒所是留住優秀女性工作人員必備的條件，同時也希望新爸爸是新好男人，願意一起擔起養兒育女的責任。

有種說法認爲，男性天生數理能力較強，所以科學界男性居多，如我前文所述，這個說法的邏輯是有問題的。其實不管說男性較理性或女性較感性，對科學的研究而言，理性和感性同等重要，因爲研究不只要理性的分析，也要有感性的直覺來引導研究方向，我相信理性與感性是最好的配合，所以就這一點，不能說女性就較不適合做科學研究工作。

因工作往來世界各地

由於工作的緣故，媽利一年常常要出國好幾趟，以一九九〇年爲例，先到瑞典（Lund, Sweden）參加第二屆國際單株抗體會議，發表只在黃種人出現、引起國際血型研究者震撼的新血型——Le（a+b+）血型，這個血型在一九九五年由媽利團隊的余榮熾在國際競爭下（包括瑞典卡洛琳斯卡研究所）首先找到基因；再到美國 Houston 參加國際肝炎研討會；第一次應邀赴中國演講、交流；赴日本參加日本輸血學會的會議……。其實個性內向的媽利並不喜歡這樣不斷旅行的日子，「我覺得一年只要出國一次就好了。」不過，愛美的她每到一個地方，仍總會把握工作之餘的機會去遊賞當地的美術館、名勝或自然美景，「哪裡有漂亮的地方，我絕對不會放過。」到瑞典那一次，一九九〇年三月三十一日，媽利和鮑先生及加拿大血液中心的 Amy 鍾博士一起開車去玩，到 Lund 一個最古老的教堂，那年在教堂讓造訪者寫下心願的留言本上所寫下的內容，至今媽利還記得，她用中文寫著：「求上帝讓我的兩個兒子，還有李登輝總統（當時李登輝先生任總統），走在祢的道路上。」媽利說：「因爲人若是走在神的道路上，是對的，不會是錯的。」事隔多年仍記得這個小插曲的原因是：「我後來一直在想，爲什麼自己會寫到李登輝總統呢？我想我一直很愛台灣。」媽利笑說。

媽利出國有一個奇特的小習慣：她一定自己帶個小電鍋、帶一些米，每天自己煮飯吃。「我每天一定至少要吃一頓米飯，才覺得有吃飯。」笑言自己是「飯桶」的媽利說：「我可以只吃米飯，什麼菜都不用配；用鹽巴和飯弄成一團我也可以吃得很開心。」這個相當具有個人風格的習慣，在許多國家都可以容易地找到中國餐館後告停。

那一年由於國際紅十字會一位中國的粱先生的二度邀請，媽利也很願意以台灣的經驗給予中國一些協助，她首次赴中國，在成都中科院輸血研究所演講。媽利一共赴中國三次，一九九〇年赴天津，她與澳洲及日本紅十字會的輸血專家在當地舉辦研討會、教導MP法；一九九三年第三次去，回來得了C型肝炎，加上中共後來對台灣試射飛彈，媽利就不願意再去中國了。目前MP法也普遍在中國被使用，但中國方面從來不提對媽利（台灣）的感謝，讓媽利頗不以爲然。

第一次中國行，媽利遊覽了許多名勝，峨嵋山、杜甫及白居易故居、紫禁城、頤和園、長城……，高中時最愛中國古典詩詞的媽利，對這些是很有感覺的。

輯八

神把最好的賞賜給我

前頁圖說／林媽利與夫婿郭惠二一起唱詩歌。

婚姻的困境

雖然工作上的表現亮麗、成績傑出，但媽利的情緒一直以來仍常常在沮喪中。「我看我那時的日記，都是沮喪、沮喪、沮喪……。然後有一天比較好一點，然後又是沮喪、沮喪、沮喪……。」媽利說：「我自己計算過，多少日子是沮喪的？多少日子覺得還好？大概比例是五比一。」從小，母親要媽利經常保持微笑，久而久之，媽利已不自覺地希望周圍的人都開心，身邊的人如果不高興、擺張臭臉，對媽利就是莫大的壓力，她會不由自主地覺得是自己做錯了什麼？沮喪到極點時，「這個世界對我來說，有時活著比死需要更多勇氣。」這是媽利當年日記裡的句子：「這是一個痛苦的人生，我還是需要得到了解及愛護，這還是人生最基本需要的東西。」

雖然住在同一棟房子裡（樓上樓下），媽利常常不知道丈夫的行蹤，有時醫院或病人打電話來找人，問到她是誰？爲了避免難堪，媽利會說：我是看家的。現在的媽利笑說：「我能有今天的獨立與成就，實在要感謝朱醫師的磨練。」

在沮喪的日子裡，每週一早上與鮑先生共同的禱告，是媽利重要的精神支柱。「我一直向神祈禱，求神讓我離開不適合的婚姻！雖然我感到痛苦，但我願意依照祂的安排時間，因爲『全心等候耶和華必蒙祝福』。」除了感情，工作上的徬徨、無力也往往在祈禱中得到力量，「面對台灣血液事業的紊亂、欠缺，我也總是在祈禱中找到該走的方向以及對現況的耐心。」在祈禱中，媽利甚至可以在最難過的時候進入「安息」：「把所有的事情交給上帝，然後你就進入祂的安息裡，沒有煩躁不安。」多年來，鮑先生是幫助媽利頗多的祈禱同伴；再婚之後，郭教授是媽利的祈禱同伴，「一個人祈禱太無力了，最好有一個同伴。把自己最內心、最窩囊的事都講給上帝聽。」

由於工作，媽利常有出國機會，一九八六年到一九九五年，是媽利口中「最困難的時期」，這十年媽利大多是隻身出國，「許多時候都是一個人坐飛機到一個地方，一個人去住旅館，常常一個人吃飯……，覺得很孤單。」雖然在別人眼中是一位表現卓越、受尊崇的女醫師，媽利仍然有一顆柔軟易感的心。在孤單的時候，人特別容易質疑自己，「我就會想：這條路我在幹嘛啊？一個人到國外參加這麼多會議，又怎麼樣呢？」當然，再婚後，媽利幾乎已不再有一個人出國的經驗，因爲郭教授都會與她同行。媽利一直喜歡聽蕭邦的曲子，但論到浪漫的極致，則屬拉哈曼尼諾夫，「有很長一段時間，我無法聽那樣的曲子；想像人類有那麼美的感情，給我很大的痛苦。」再婚後，媽利聆聽拉哈曼尼諾夫的曲子而不再感到痛苦，媽利輕輕地微笑著說：「我很多問題在和郭教授結婚之後都解決了。」

告別二十五年不適合的婚姻

對於第一段不適合、帶給媽利很多痛苦的婚姻，雖然早有離婚的念頭，二十多年來卻總在期待、猶豫中擺盪。也許眞應了媽利說的：女人在感情方面總是比較脆弱。一九九〇、九一年間，媽利試著自己搬出來住，經歷一段不算短的調適期；一九九一年自己買了房子，「決心要離開他。但這個心有時候還是會動搖。」要下這個決心，對不喜歡爭執、害怕成爲別人注目焦點的媽利，實在不是容易的事。也有很多人告訴她：何必弄得那麼麻煩？何不就保持表面上的夫妻關係，各過各的？還有人要媽利也去交男朋友，以媽利的條件，其實她身邊一直不乏對她心儀的男士，但媽利不是會做這種事的人，因爲「那樣不會得到神的祝福」。一直以來，媽利給人「賢妻良母」的形象，她也配合演出「夫妻恩愛、家庭和樂」的劇碼，但心裡眞正的聲音是無法壓抑的，即使二十多年過去，媽利並沒有放棄對愛、對幸福的渴望與追求。曾經有一次，她夢見自己和一個穿白衣服的男士並肩坐在山坡上，天際彩霞繽紛，男士開口向她求婚，而她竟然答應了。

離婚這件事在不斷的猶豫中進行著。媽利好不容易找到了願意幫她辦離婚的律師，離婚協議書寫好時，她心裡又忍不住千頭萬緒，「……雖然這個家是一個苦難，但我就像動物實驗室裡的老鼠，面對打開的籠門，有點害怕出去，還想了很多要留在籠子裡的理由。」幾經波折，一九九二年一月，媽利終於結束了這段爲期二十五年的「不適合的婚姻」。「我覺得整個離婚過程非常戲劇性，有上帝在帶領，不然爲什麼會那麼順利？本來他一直都不肯。」

在當時，一個五十多歲的離婚女人，即使是社會、經濟地位頗高的女醫師，也要面對社會的有色眼光與不公平對待：有些人就不跟她說話了，也有很多人認爲離婚是她的錯，「爲什麼不能包容丈夫呢？」一直要到好幾年後，媽利才能神色自若地告訴別人：「我離婚了。」

對於婚姻，媽利曾有一個比喻：「找一個伴侶，就跟挑一雙鞋一樣，穿得舒服、自在最重要，才能穿得長久。如果不合腳，再漂亮、再昂貴的鞋子穿起來也不舒服，只好束之高閣。」她還說：「不好的婚姻，眞的是應該要離開比較好。就比如你要煮一道菜，如果材料不對，即使有再好的手藝也將功虧一簣。當你努力到最後，沒辦法的話就是要放棄，不然你會把自己也賠上去。」媽利深深慶幸的是，在自己快要變得「冰冷、刻薄」之時跳了出來。

第二個故鄉——荷蘭

一九九二年，對媽利來說是事情很多的一年。

年初離了婚，八月在ＣＬＢ（荷蘭紅十字會血液中心實驗室）主任Dr. W. Van Aken的安排下，媽利赴荷蘭阿姆斯特丹待了一個月做白血球研究（與輸血後的呼吸窘困症有關），「我是去ＣＬＢ。ＣＬＢ專事於輸血相關的研究，整個實驗室有五百名研究人員，五百個！」對照台灣的情況，令媽利忍不住加重語氣，「其中醫生和博士有七十幾個，是非常了不起的一個實驗室。你看，一個小小的荷蘭人口比台灣少，只爲了輸血的研究，就有五百個研究人員，這還不包括他們其他城市別的醫院、血庫的工作人員。」

媽利在ＣＬＢ受訓、做實驗，結識了後來成爲好朋友的Paul Engelfriet教授，Engelfriet是國際知名血型研究專家，也是國際輸血學會的刊物《Vox Sanguinis》（血液之聲）總編輯。Engelfriet每天騎腳踏車上班，喜歡坐在辦公室拉開窗簾曬太陽，家裡有一個種滿了花的大院子。「他是個非常有學問、非常好的人。」由於在ＣＬＢ一個月的研究、工作成果，令那裡的人對媽利踏實嚴謹的研究態度相當肯定，所以之後媽利只要投稿《Vox Sanguinis》都一定被採用、接受，「《Vox Sanguinis》是很著名的醫學刊物，本來投稿要被接受很不容易。」

那一個月，媽利住在靠近公園的宿舍裡，每天早上一定騎腳踏車到公園走走，那裡有一座大池塘，有很多鳥；「黃昏下班時，我就騎了腳踏車去公園，坐在那裡發呆也很好。那時會有一種感覺：哇！眞好，這大概是天堂吧！」

在阿姆斯特丹的一個月，媽利過得很開心，學了很多東西，把白血球、血小板的技術帶回台灣，也認識了一些好朋友，「以後我有什麼問題需要別人幫助、叫『救命』的時候，他們都會救我。」媽利笑說：「荷蘭人都會講好幾種語言，而且他們很親切！我覺得荷蘭人是我碰到最親切的人。」這次美好的經驗，從此讓媽利覺得：荷蘭像是自己的第二個故鄉。

突然變笨了

一九九二年十月八日，媽利原本要赴巴西聖保羅參加國際輸血學會的會議，卻因爲行前突然「失去記憶」而沒去成。媽利的體質敏感，一生中經歷過許多奇奇怪怪的事，這段「失去記憶」的經歷，可以說是較具有代表性的。

「到現在我也不知道確切的原因是什麼？」因爲要啓程去巴西了，六號晚上乾爸、乾媽和另一對朋友和媽利一起去吃飯，算是爲她送行：媽利想起七月時去北京帶回來的茅台酒，拿出來大家喝，她自己喝了一兩口。第二天她到衛生署開會，把車子停好，之後就不知道怎麼回事了，「他們問我一些問題，我都答不出來。」看她不對勁，在場的人要送她回馬偕醫院，問她車子停在哪裡？她記不起來，問她家裡電話幾號？她也說不出來。

整個人就突然變傻了，一年多以後才恢復。這段時間，媽利還是上班，但沒辦法做研究、寫論文了。離婚後獨居，又遭逢這種莫名的打擊，讓媽利哭了好幾場。檢查、檢驗似乎也弄不清個所以然。那段時間又是焦慮悲苦的煎熬，媽利雖然忘了很多事，但令她煩惱憂心的事卻忘不了：「我想我是處在一團焦慮裡面。離婚後要面對別人，新的研究室必須要有些成果，鮑先生又要回來台灣了，他希望的事有些是我無法決定的，怎麼辦呢？爸爸生病了，乾爸也生病了，老大暐濤能不能進醫學院？老二暐崧要繼續工作呢，還是再去念書？研究計畫中關於我的實驗室的人員配置還沒有定⋯⋯。」以及最要命的：「如果這個病好不了了，我的餘生怎麼辦？我如何來安排變白痴的自己？」

戲劇性地得了這病，後來好起來也是很戲劇性的。一九九三年十一月，鮑先生夫婦（當時又來到台灣）邀媽利去參加神醫 John Wember 的佈道會，媽利去了。她站在最後面，唱完詩歌大家開始禱告，「很奇怪喔，有一陣很溫暖的風吹過來，感覺自己被包圍在和煦的陽光裡。」回家的路上媽利突然發現：自己一年多來「笨笨的」毛病好了！這個故事過於傳奇，「我跟別人說，人家都不相信。」

丟掉心裡的黑暗

一九九三年二月，媽利的父親在家中、躺在媽利的手臂上，過世了。

喪禮之後，媽利遵從父親遺囑，帶著父親一半的骨灰到夏威夷（另一半與他母親合葬）的 **Kaena Point**，將骨灰灑入大海，追隨他一生亦師亦友的 **Dr. Anderson**，漂流到他們兩人相識的日本。

父親過世，又讓媽利經歷心裡種種情緒的起伏糾纏。父親沒有留任何東西給她，房子財產全給了弟弟們；但真正令媽利傷心的，不只是父親沒有考慮到她離婚後的困難，而且是誤會了女兒：媽利希望得到的，只是台南老家那些美麗的磚瓦，而不是分財產。自幼父親的外遇，造成家庭不和諧，影響了媽利一生。種種複雜的情緒加上失去至親的傷痛，溫柔的她有一陣子非常氣憤，整個人被氣憤綑住。媽利察覺到自己的危險狀態，她在日記裡寫：「我應該要從這個負面的情緒裡跳出來，就讓這些事情都變成過去，求上帝幫助我。」媽利畢竟不是善恨的人，不久她就從那樣負面、傷害性的情緒中解脫了。所以她在畫給朋友的賀年卡上寫道：「如果我們無法超越過去的不幸，我們就無法享受藍天白雲以及路邊小花的美麗。」

事實上，雖然離婚後媽利又經歷不少變數波折，但以她自己的話說：「離婚後，感覺自己漸漸地離黑暗愈來愈遠……。」

這些年來，媽利一直依靠教會，雖然地點時有更換，有時是國語禮拜堂，有時是台語禮拜堂，最後還是跑回台灣長老教會。「和別人一起禱告，可以把心裡的一些黑暗丟掉，然後覺得自己得到釋放。」媽利說：「原本覺得自己的心像一片寸草不生的荒漠，禱告後，就彷彿荒漠裡有了生命的氣息。」

雖然偶爾有兒子的表哥豐順夫婦來陪她，但離婚後的媽利還是很害怕一個人過年過節的孤單。第一個年過得挺不錯，比想像中好；第二個年（一九九四年）更好了，她這麼寫：「回想這個年，我這一生好像從來沒有這麼自在、高興、享受過……。」長年的沮喪焦慮似乎漸漸遠離，媽利開始會有「沒有什麼原因、自然而然的開心」的時候。「我終於明白我已離開心靈的黑暗，感謝上帝，帶領我離開了黑暗。」

上帝應許之地

媽利在淡水住了超過十年的房子，是一九九一年買的，也有個特別的小故事：九一年秋（離婚的前一年），媽利決定要為自己買個房子，那時也是鮑先生要離開台灣、返回英國前夕，在兩人最後一次的共同祈禱中，媽利看到一幅景象：「我看到一個地方，有黃昏、有漂亮的彩霞，很像是在水邊，還有鐵塔。當時我想：哎呀，上帝不會是要我住在一個孤島上吧？」

之後不久，媽利在友人的介紹下到淡水看一處預定蓋房子的地，那一日黃昏，「我爬上小小的山頭，往下看是淡水河，也看到鐵塔、很漂亮的晚霞。」回家後她想：這幅景象好像似曾相識啊？後來恍然大悟，正是之前和鮑先生一同祈禱時看到的景象。「我想這一定就是上帝應許的地方。」毫無猶疑，第二天媽利就去訂了房子。媽利這看似魯莽的決定，讓身邊友人都不以為然，諄諄告誡，乾媽高慈美也不願意陪她去簽約，但媽利卻是信心十足。之後證明，那果然是「上帝應許之地」——後來這個溫馨的家，有時飄著郭教授彈奏鋼琴的樂音，有時飄著媽利自己烤的起士蛋糕香味；有媽利畫的畫，小小的陽台擺著她做彩繪玻璃的器材，有台南老房子的地磚……。在這個溫馨的小窩，媽利和郭教授共度了好些年靜好時光。

向晚的幸福

媽利現在的夫婿郭惠二先生，雖然兩人在少年時就認識了，但當時沒有交集；之後數十年，兩個奔赴各自的人生，沒有見面，也沒有聯絡。一九九一年底，媽利與郭教授在一場私人音樂會中偶然隔鄰而坐，才又牽起聯繫。這次偶遇後，郭教授馬上寫信給媽利，媽利心裡知道，這個從年少時便鍾情於她的男士，對她仍未忘情。

離婚後，媽利渴望幸福的心是擺盪不定的，她想起郭惠二，朋友也勸她，爲什麼不給自己和對方一個機會呢？三年後，兩個人才開始偶爾見面、吃飯。這一次尋找伴侶，媽利在意的不再是世俗標準，而是心靈的契合與滿足。「在郭惠二的身上，我看到自己比較欣賞的氣質，像是比較執著、不世俗、理想主義的性格。」此外，因爲兩人同樣信靠上帝，也有一種特別的親切感。

曾於一九九六年獲得「醫療奉獻獎」的郭惠二教授，大學念的是化學，年輕時就深受傳教士遠赴非洲服務事蹟所感動，並立下志向：也要到蠻荒地區服務。

在加拿大留學時，在接連遭逢兩次情變打擊後，郭惠二決心實現自己心中的心願。原本他把東南亞及中南美洲列爲目標，但結果是到了當時正因內戰結束後急需志工的西非奈及利亞的戰敗地區。

在奈及利亞大學醫學院服務期間，他爲文批評當地大學教育只是在培養另一群「英國古典貴族」，對絕大多數生活於社會底層的人民毫無助益。他的見解引起很大回響，當地許多媒體轉載、訪問……。一個來自亞洲的黃種人，突然之間在當地有了知名度，這也對他後來推動的工作有不少幫助。

他發現，奈及利亞人普遍缺乏蛋白質，健康情形極惡劣，半數幼兒不到一歲就夭折，即使存活，也因缺乏蛋白質，細細的腳上頭卻有個大大的肚子。郭惠二想到以黃豆改善當地人的健康。幾經試驗、改良，和當地婦女領袖們共同研發出適合當地人口味、易於原始的廚房烹調的非洲黃豆食品，並自掏腰包努力推廣，改善了奈及利亞人的蛋白質缺乏症，並使當地的兒童蛋白質缺乏症從此消失。

在奈及利亞服務八年，之後加上在日本京都大學「預防甲狀腺腫之食鹽加添碘量公式」實驗室研究兩年，郭惠二在一九八一年底返台，任教於彰化師範大學。在八〇年代環保意識尚未抬頭時，他身體力行投入環保工作，曾經主導鹿港的杜邦環保事件，是台灣環保運動的先行者。一九九三年他又赴肯亞短期服務。

這樣的一個人，的確在本質上與媽利相近，她甚至說：「與他相比，我應該算是比較追求功利的人吧！」

「郭惠二給我敦厚、很安全的感覺。」媽利說，離婚後她曾經對人很失望，但「他的誠意讓我感動」。「我覺得這個世界上金錢、權勢等等你都可以賺到、爭取到，但一個好的人、一段很好的感情，那才是最好的。」這是她一生的信念。

話雖如此，但眞正面臨到考慮再婚的事時，媽利又忍不住焦慮起來，怕引人注目……。就在「有時候覺得很幸福，有時候又非常焦慮」的情緒擺盪中，有一天媽利開車快回到家時，突然高呼：「感謝上帝，我以後不必再寂寞！」

在這段時期，「郭教授一直爲我祈禱。」睡前他會打電話給媽利，兩人在電話中一起祈禱，「幫助我很多，而且我覺得這是一個很大的享受。」

有一天郭教授對媽利說：「我終於了解妳是多麼脆弱，我要幫助妳。如果我逃跑的話，我將得不到平安，會覺得罪惡感。」聽了這番話，媽利感謝上帝：「神把最好的賞賜給我。」

郭教授寫信給兄弟姊妹，說他將與媽利結婚，「他說他和我完全一樣，只差在他是男人、我是女人。我覺得這種形容很可愛。」媽利笑說：「我們手的樣子、腳的樣子都一樣，連蛀牙都一樣，所有的牙齒都蛀掉，只剩下同樣位置的那幾顆，很奇怪。」

媽利和郭教授有一種奇異的默契，「我們不必講很多話就可以相互了解。」有好幾次，兩人約好在某處見面，媽利因事耽擱了，沒辦法按時趕到約定的地方，正心急著怎麼辦時，「很奇怪，每一次他就是會找到我，我們就是會遇到。」

一九九五年七月，媽利和郭教授結婚了。媽利說：「我們兩個在一起，好像只有我可以生氣，他從來不生氣的。」這對媽利來說是莫大的解放，大半生以來，面對她生命中親密的人，她是不會也不能生氣的：她不敢對父母生氣、不敢對朱醫師生氣，也不敢在小孩面前生氣。「我終於可以在郭教授面前生氣，可以把自己原來的樣子爆發出來，都沒有關係！那是很大的釋放。」

媽利的日記也寫到郭教授結婚後即停筆，「覺得不必再寫了。」一或兩個禮拜一次，媽利和郭教授會去大賣場採買食品，「我們每次都坐在那裡吃冰淇淋，兩個人吃一客，因爲我不能吃太多冰的，他也不能吃太多甜的，就他吃一口、我吃一口……。有些人會看我們，他們大概想：這兩個老的怎麼那麼奇怪？」媽利笑說：「現在的我，就像又回到小時候爸爸還沒有外遇時的小女孩時代，沒有什麼煩惱、掛心的事，我想這就是幸福吧！」

輯九

愛沒有國界

前頁圖說／林媽利與夫婿郭惠二投入許多心力在泰國北部的阿卡族山寨。從一九九七年始，夫婦倆幾乎每年都去那兒過聖誕節，順便探訪在當地服務的朋友及當地的孤兒。

原住民血型的研究

由於媽利的研究小組在紅血球研究方面的傑出表現，一九九〇年受邀參加中研院的「台灣土著族群血緣關係」研究計畫，這是媽利研究原住民血型、進而由血型探究族群間親疏與來源、偏向人類學研究範疇的開始。前三年媽利與中研院民族所合作，三年計畫結束後，拿了大部分研究經費做組織抗原的台大公衛所陳光和教授卻沒有做出什麼成果，讓紅血球方面研究已做起來的媽利感到忿忿不平，「我覺得很生氣，也覺得很可惜。」人家沒做出來，她就自己來，跑到許多原住民部落抽血。「是這樣才開始與原住民研究牽上關係。不然我這個人其實也沒有什麼偉大的志向與計畫，都是做到哪裡是哪裡。」

由於研究原住民的血型，媽利發現：台灣原住民的血型裡，有許多不同的基因，南方、北方的基因都有。有一段時間媽利想不透爲何如此？她念了許多書，加上自己做了一個夢（夢中自己要回家，卻因爲海水突然上漲，無法回家）之後，豁然開朗。在一萬年以前的冰河時代，海平面下降，台灣海峽因較淺所以當時是陸地，從現在的印尼群島間的古代巽他大陸（Sundaland）以至於東南亞、中國、台灣、日本……，是一整塊相連的陸地，當時的人類爲生存或尋找食物而遷徙，台灣海峽應該就是人類遷徙的通道，「台灣原住民在一萬年前就來到台灣，他們從不同的地方來，要往北方去；後來恐怕是冰河融解、海水上升、陸地變成海洋，台灣變成孤島，就留在台灣了，所以他們身上有來自不同地方的基因。」媽利高興地說：「我終於知道了爲什麼台灣原住民有這麼多不一樣的基因。這雖然是我的推測、想像，但我覺得相當合理。」

組織抗原測定盤

一九九四年起，媽利開始組織抗原的研究，每一年都到日本東京參加日本紅十字會所舉辦的組織抗原會議。二〇〇一年，媽利的研究小組研製出台灣的組織抗原（ＨＬＡ）測定盤，「我眞的是要感謝日本紅十字會，特別是十字猛夫（Takeo Juji）教授。」當年（一九九三年）是日本紅十字會要媽利發展台灣的ＨＬＡ測定盤，「他們說：你們政府花那麼多錢在做研究，卻沒有人做出免疫學所需要的、最基本的組織抗原測定盤。所以他們要我做。」測定盤是許多研究的基礎，關係著免疫、移植的研究成敗，「所以必須要有台灣人自己的測定盤。」日本紅十字會自費派赤座達也醫師來台協助媽利，也提供許多抗血清。媽利篩檢兩萬個胎盤血清，耗時七年，終於在二〇〇一年用台灣婦女的胎盤血清把測定盤做出來了，她昭告天下：我做出來了，用馬偕醫院及政府的研究經費，加上日本人的協助。「我願意回饋，誰要都可以給，我不要錢。」媽利說：「一個進口的測定盤要兩、三千塊，我的測定盤可以免費送給需要的單位，包括捐血中心。當然進口的測定盤有很多地方比我的好，但我們也有比他們好的地方。」

到泰北阿卡族的服務工作

再婚之後，媽利已幾乎不再為兒子們操煩，她的關懷更遠、更大了，此時的她，已更有能力實踐基督徒「愛人如己」的精神與追求。除了研究工作不輟，媽利和郭教授更投入許多心力、資源在泰國北部的阿卡族山寨。從一九九七年起，夫婦倆幾乎都會去那裡過聖誕節，順便看看在那兒服務的朋友、那兒的教堂、孤兒院……。

因為一個奇妙的因緣，郭教授和媽利認識了幾位受上帝「呼召」自願赴泰北為阿卡族人服務的原住民朋友，從此也投身於泰北山寨的服務、傳道工作。「那裡的人非常窮，他們是沒有國籍的人，大約在一百多年前從雲南那邊往南遷移，一直在泰國北部山裡過著自給自足、自生自滅的生活。」那裡又是毒品氾濫、戰火不斷的地方，很多孩子從小就沒有父母。嫣利與郭教授等一些志同道合的朋友，在當地建立了教堂、孤兒院，這些年來，除了每次帶去一袋又一袋的舊衣服、黃豆，以及爲當地人義診、傳福音外，嫣利也捐出大半收入，「我已經決定了，以後我和郭教授歸天家時，想把財產捐給需要的地方。」一九九七年，嫣利與郭教授、另幾位朋友一同到泰北山寨過聖誕節，回來後寫下這篇文章：

泰北山寨的聖誕節

我在去年（一九九七年）十二月二十六日和外子郭惠二及泰雅族的林清勇、溫春雨長老上泰國北部的阿海山寨，同行的尚有阿美族的牧師和一位韓國牧師。這是我的第一次泰國之行，帶著觀光的心情，在中正機場（註：現在的桃園機場）和他們會合。除了我以外，其他人像是救難隊，他們帶了三個大麻袋（現在是用塑膠線做的）的原住民教會捐贈的舊衣服，郭教授破舊的大皮箱裡裝滿了黃豆、煮黃豆用的舊高壓鍋及家裡的舊衣服，引來機場許多人好奇的眼光。

我們在曼谷轉機，直飛泰國最北端的機場清萊（Chiang Rai）。我們和來接機的泰北少數民族阿卡族（Akha）的磐忠昌傳道一起坐上卡車，直奔泰緬邊界的滿星疊。卡車在漆黑、彎曲、凹凸不平的山路上疾駛，經過幾個小村莊，兩個鐘頭後到達滿星疊。因爲村中很少有燈光，所以星星分外明亮，村莊正如其名，有滿天的星星。滿星疊在過去是很有名的地方，位居金三角，是種植罌粟花製造海洛因的毒梟昆沙的總部，昆沙在一九九六年六月向緬甸投降。上帝呼召台灣原住民長老教會的會友，靠著非常有限的經費，他們來到滿星疊，向附近山上的阿卡族人傳福音。阿卡族人據說原來住在雲南的邊界，後來散居在泰北山區，共有一百八十多萬人，在滿星疊附近山上的阿卡族共有八萬多人，居住在二十一個山寨（村莊）裡，其中只有四個有傳進福音。這個宣教站，是在昆沙過去的軍醫院，我們隔壁房間的床底下還留有一口他們沒用完的棺材。

我們在十二月二十七日前往昆沙過去的山區營地，爬上重重的山坡，汗流浹背、氣喘如牛的，花了兩個鐘頭，到達阿卡族人的村莊——阿海山寨。迎接我們的是一群瘦小、膚色黃灰、骯髒的住民，參雜著許多衣衫襤褸或沒有穿衣服的小孩。因爲泰國政府並不認爲阿卡族是泰國人，所以在泰國他們成了非法居民。他們沒有工作權利，如果偷偷打工被發現，就會被抓起來關在監獄裡，或被打個半死。不像一般的泰國人，他們也沒有醫療保險，所以生病看病必須付錢；他們太窮了，所以一個感冒，常常讓他們在家裡等死。他們大部分的人吸毒，壽命很少超過四十歲，大部分女孩子在十五歲前當了媽媽。他們很骯髒，因爲過去他們一生只洗兩次澡，一次在出生時，還有一次在結婚時，現在雖然有台灣原住民教他們要洗澡，但是大部分的人只有一件衣服，只好天天穿下去了。他們可說全部不識字，雖然他們有很不同的阿卡話，但沒文字，還好有基督徒的努力，把阿卡話用羅馬拼音拼出來，然後教他們識字，阿卡人正在努力地學習。在阿卡人居住地附近有泰國語的小學，因爲阿卡人上學要付學費，所以他們也沒法去。我們也在另一個山寨看到三個村莊、一千多戶的阿卡人中，只有兩間教室的泰語小學。

因泰國政府收回他們居住地區的林地，所以可耕之地很少；他們很辛苦地耕種旱稻（一種長粒、硬度高的米），他們也吃野菜（是我們說的野草），也吃樹皮。他們居住在用竹子做的高挑房子裡。房子的地板離地數尺高，底下是雞舍、牛棚及豬舍混和在一起的區域。他們把掉在地板（大部分是竹片）上的飯粒丟到下面（大小便更是直接下去），在房子底下有雞和豬在等著。我看到鴨子在吃豬糞。豬是滿場奔跑健壯的瘦豬，好像是阿卡族人的寵物。在所有糞中發生問題的是牛糞及馬糞，因爲沒有動物去收拾，所以阿卡人的房子充滿從地板下薰上來的牛糞味。

台灣的長老教會在阿海山寨花了約兩萬元台幣，蓋了一間用竹子做的敬拜中心，阿海山寨已有一半以上的人是基督徒了。我們的中餐及晚餐被安排在村長及養有四頭牛的會友家，我們也學著用手把硬硬的飯捏成長條狀的飯糰，再一口一口地吃。他們眞誠地招待我們，爲了我們，全村殺了一頭牛，每户分些牛肉，所以我們每頓都吃到他們上等的佳餚——就是碎牛肉及碎樹皮煮成的菜，這道菜的味道還不錯。我們也吃了怪味的生菜，說是魚腥草。當天黃昏時，我們分批去報佳音，所用的語言有阿卡語、泰雅話、阿美話、日本話、台灣話及韓國話。我們唱完祝福歌後，他們回報我們豐富的晚餐。後來我們帶他們在廣場上唱聖歌、揮舞著手慶祝聖誕節。他們雖然窮困，但在歌聲中我們看到他們的希望與喜樂。晚上我們各自鋪開睡袋睡在會友家中，猛然發現阿卡族人圍在旁邊看我們睡覺，想來是我們占了他們睡覺的地方，所以匆匆搬到屋外，最後睡在牛棚上面露天的「陽台」。山寨的夜晚眞美，點點繁星閃耀在藍灰色的天空，除了遠處山腰的幾點燈光外，看不到任何燈光。山中的冷風從不同方向吹過來，在溫暖的睡袋中聽著陽台下忽起忽落、掛在牛脖子上的鈴聲，接著牛的鼾聲、半夜找食物的豬的咕嚕聲，到深夜有老鼠的吱吱聲，以及老鼠在陽台上、睡袋邊奔跑的聲音……，然後我在陣陣因牛搔癢而搖動的牛棚上睡著了。醒來時天空已泛白，藍色的遠山及近山浮在白色的雲上。這是我一生最難忘及最有意義的聖誕夜。

第二天（十二月二十八日星期日）早上，竹造的小禮拜堂擠滿了阿卡族人，有許多盛裝的（頭上戴上頭飾）媽媽帶著一群群小孩來參加，大家依著黑板上用羅馬拼音寫的歌詞唱著讚美聖歌，磐忠昌傳道帶領族人朗讀羅馬拼音的阿卡語《新約聖經》，讓我們非常感動。禮拜後有五個家庭全部決定信主，他們站在前面，好像人生不再是那麼灰色了，對我這個第三代、不冷不熱的基督徒帶來很大的震撼。

十二月二十九日住到清萊的觀光飯店，覺得恍若隔世。十二月三十日到曼谷拜會及參觀Mahidol大學熱帶醫學部，然後在曼谷的觀光飯店過新年。想起阿卡族小孩童稚的臉，想到阿卡族這個被「丟棄」的族群，我們看到的是不是也和一百多年前西方傳教師來到台灣或中國所看到的情形一樣？在《戴德生傳》及我們的馬偕博士的《台灣遙寄》中，我們看到相似的影子。我想在已現代化的台灣，我們幾乎忘記當初宣教師傳福音給我們的社會帶來了多麼重要的改變，傳福音的工作不只是傳基督教、辦學校提高知識或辦醫院治病而已，而是對台灣在這一百年來的民主化、人權、社會公義及愛心上有深遠及重要的影響。現在，是不是輪到我們去關心我們「弱小的兄弟姊妹」？

媽利的兩個孩子雖然在美國，因爲信仰，媽利有許多「家人」；除了不時去需要幫助的地方探訪，這些年的舊曆年，媽利和郭教授都到阿里山來吉鄉鄒族陳庄次牧師家中過年，那裡也像是她的另外一個家。

回饋國際社會，展望台灣

能夠以自己的所學、專業幫助別人，是媽利很樂意做的事。除了中國，越南、寮國、泰國、緬甸……，也都有媽利的足跡，只要有機會，她總是自費買機票、自己帶著試藥前往需要幫助的國家，義務教導當地醫護人員使用ＭＰ法及其他更先進簡便的血庫作業技術。已過了退休年齡的她還沒辦法退休，除了許多進行中的研究計畫，她更關心的是後繼問題。多年來媽利在培育後人方面不遺餘力，她不希望自己退休後許多工作就停頓，「我希望可以培植年輕人，希望這條我鋪過來的路有人繼續走下去。不管是我現在在做的族群研究或是紅血球、血型的研究，這些都是很重要的工作。前兩年甚至因爲我們的發現，使原本國際上有的二十六個血型系統增加了第二十七個血型系統，這都是很了不起的發現。」媽利說：「我還是希望我們的研究能夠得到國內更多的支持與重視，畢竟馬偕醫院是一所私人醫院，長期要一所私立醫院來負責國家級的重要研究，這並不公平。」一九九九年，媽利就曾上書總統，倡議成立國家級的輸血醫學研究中心，只是不知道這個夢想何時能夠成真？

媽利到越南去教他們MP法，沒想到那邊條件太差了，整個河內大學附設醫院的檢驗單位只有一台離心機（血庫作業的一項基本設備），媽利的MP法是要用離心機的，她當下就想，教他們這個方法，能幫他們多少忙？他們能用到多少？不輕易放棄的媽利，就當場研發「不必使用離心機的MP法」，結果成功了！媽利很高興，教了他們新方法，回台灣後再稍做調整，寫了一篇文章投到《輸血》雜誌，贏得一片讚賞，「美國的學者說，很少有人想到用最簡單、最實際的方法，去幫助那些最需要幫助的地方。」媽利說起這件事很開心、得意：「我覺得這個不錯，眞的是替第三世界找到一個很好的方法。MP法本來只能夠用在有基礎設備的地方，現在沒有基礎設備的地方也能應用，只要有玻璃片就可以做了！而且如果眞的資源欠缺的話，玻璃片洗過再用也可以，試藥又便宜，我覺得非常好。」MP法除了試藥非常便宜之外還有一個好處：要訓練一個人會用這個方法，一天就行了，非常易學（不像之前沿用的白種人的方法，要訓練幾個月）。「其實歐美人也可以用MP法，只是對他們來說沒有那麼好用，因爲他們有一個重要的抗體，用MP法比較不容易找到。但如果要用在戰場上還是非常好用。」媽利笑說：「希望我這個方法以後不要變成在戰爭時被普遍使用的方法。」

輯十

不要失望，永遠要有希望

前頁圖說／二〇〇三年於溫哥華，林媽利與夫婿郭惠二、兩個兒子、媳婦、孫子。林媽利對於工作沒有什麼遠大的計畫，只想把孩子養大。就算工作再怎麼辛苦，她只要想到孩子就有努力下去的動力。

將醫學研究當作藝術創作

二〇〇三年，世紀新病毒SARS侵襲台灣之時，媽利也投身於相關的研究，並發表了一篇震撼國際的研究報告——她的研究指出，SARS的致病嚴重程度、個人可能罹患SARS的機會，很可能與每個人體內的基因有關，也就是和族群有關。「其實我是做血型研究的，這個SARS的流行病學是不關我的事；但那時候這個事情太可怕了，我覺得我無法眼睜睜地看這個事情發展下去而束手無策。」於是媽利花了幾個月的時間「跳下去做研究」，最危險的部分自己來，那時，正是她C型肝炎又復發、接受治療的時期，疲倦、辛苦不在話下。

「一般我們講大流行，都不會從這個遺傳基因的角度思考問題，大家都覺得是病毒厲害，誰被傳染了誰就得病。但我們的研究發現：這其中有病人本身因素造成的影響，也就是基因的因素，所以SARS傳染的途徑詭異、不可預測。」媽利這篇富有創意和開拓性的研究報告問世後，獲得國際媒體的重視與報導，《華爾街日報》更是以三分之一的版面報導這個發現，路透社及CNN的網站也有大幅度的報導。短短三個月內，國際上有四、五十篇新論文都引用了她的這篇研究報告。媽利的夫婿郭惠二說：「媽利的天性是比較偏向藝術的。她因爲有藝術的天分，所以在研究工作上也常有新的、不同的想法與創見。她現在是把她的醫學研究工作當作藝術創作一般，所以做得很有興趣。」郭教授以一貫的語調慢慢地說：「有一天媽利如果拿到諾貝爾獎，我也不會驚訝。」

說到C型肝炎復發，一生病史豐富的媽利是一派雲淡風輕：「我覺得還好啦，好像也沒有特別怎麼樣，最近還不錯。」已經停止藥物治療的媽利說：「這個很有趣，之前治療到後來病毒都不見了，都被藥物殺光了，但停藥以後它又跑回來，就是說沒有完全殺光，一定還存在於身體某一個角落。我說我不想再治療了，太辛苦了（藥物治療的副作用包括食欲不振、渾身無力……，像感冒一樣），我就跟病毒共存吧！看看以後有沒有更好的治療方式。」媽利跟一些罹患癌症的朋友也是這樣講，一邊期待更好、更有效的治療方法問世，一邊「與病毒共存」。

二〇〇四年六月，媽利應日內瓦大學人類學系一位女教授之邀，兩人在日內瓦共同主辦「從基因、語言和考古學看東亞大陸及台灣島上人類的遷移」國際研討會。「其實我並不是做人類遷移研究的，只是意外地踩進這個領域。」媽利說，雖然自己並不是做這方面研究的專業者，但她還是樂於接受這樣的邀約，「我覺得這是讓台灣及台灣原住民在國際上的能見度增加的重要機會。」

除了研究工作，自稱是一名「不冷不熱」的基督徒的媽利，和同是虔誠基督徒的夫婿郭惠二教授，這些年並沒有停歇對社會的服務、對「愛」的實踐。「郭教授這幾年一直鼓勵台灣的年輕人走出去、到第三世界服務。那並不是我們去犧牲奉獻，去教人家、關心人家，而是自己會因此得到很多成長，開闊視野，會發現人生的意義，這是很重要的。等這些年輕人再回到台灣，會對我們的社會有更多回饋。」媽利和郭教授先是以個人的力量，鼓勵、支持一些年輕人到第三世界地區服務，也就是「台灣海外跨文化服務工作」，「去年我們鼓勵一個學生去非洲，眞的是收穫很多，她說畢業以後還想再去。」這個台北醫學院的學生，回來後就在北醫成立了「台灣海外大專學生服務社團」，理想的種子，不斷延續。

融合科學與人文的奇妙女性

細數數十年來的貢獻，除了「台灣輸血醫學之母」、「傑出的女性科學研究者」等稱號外，二〇〇一年，媽利由張啓仲醫師的推薦，與台灣文學界前輩鍾肇政同時獲頒台灣文化學院「榮譽博士」殊榮。熱愛文學、繪畫、音樂及美的事物的媽利，熟知的友人都說她是「融合科學與人文」的奇妙女性。常常記錯人名，人的臉孔也常記不清的她，卻對可愛的小狗過目不忘。到現在，這位「樂在工作」的長者，還是很喜歡什麼也不做、靜靜發呆的悠閒時光。「我覺得，發呆是人在整理腦神經細胞裡面的東西的時候。我有時半天都不做事情，坐在家裡發呆，覺得很享受耶！」

回首這些年來在醫學專業領域方面的成就與貢獻，媽利說：「其實我從來沒有什麼偉大的計畫，我只是想好好地把兩個孩子養大。以前實在是很辛苦，心裡只想著：我如果有辦法把孩子帶大、看著他們長大，我就很滿意啦！還能有一個工作做，那就努力做做看。」

二十多年來，台灣的輸血醫學從什麼都沒有、作業也非常簡陋的狀況，到後來學習歐洲人的方法，再發展出適合台灣人（亞洲人）自己的方法，並將這套方法、作業流程推廣到整個台灣！這位「台灣輸血醫學之母」說：「現在我看台灣是很不錯了。」至於她一直擔心的「後繼」問題也不再令她擔憂，「現在不只是我在做研究、寫文章，別人也在寫文章、做研究，國際上有名的雜誌也可以看到我們同行的長庚醫院、榮總和中國醫藥學院的研究者寫的文章，讓我很高興。不是只有我們在做，別人也在做了。」

一九九九年，由媽利主辦、在台灣舉行的第十屆國際輸血學會西太平洋區大會會議，最是讓媽利津津樂道：「我們台灣一個小小的學會，大約只有三百名會員，居然就提出了九十多篇論文！我覺得這非常了不起，而且感到很驕傲。」那次大會共有五百二十人與會，其中一百五十一位是來自國外的專家，包括英、美、德、加拿大、比利時等二十七個國家，國際輸血學會的理事幾乎全數出席，包括 R. Beal、H. Gunson、H. Heier、W. Van Aken、P. Holland 等人，以及知名學者如 J. Daniels、R. Dodd、W. Mayr、十字猛夫、西岡久壽彌、J. Moulds 等，被許多人譽爲是國際輸血學會「近十年最好、最成功」的一次大會議。那次會議之後，日本的學者在返回日本後，特別召開了一個檢討會，內容是探討爲何這次台灣主辦的會議會如此成功。「我覺得台灣的輸血醫學已經步上正軌，而且在國際上與其他國家平起平坐。當然，還是希望台灣能在國際的舞台上扮演更重要的角色。」

媽利的人生故事有許多艱辛、波折，卻也使她擁有一種少見的韌性與活力——雖然外表柔弱、病痛不斷。繼打消「遷居台東」的念頭後，她和郭教授搬離住了十幾年的關渡小窩，租了一間「像在森林裡」的房子；之後又經歷搬到高雄、又搬回台北、最後在淡水買下能看到美麗彩霞的房子。眞難以想像兩個七十多歲的長輩怎麼應付那麼多的家具、物品，怎麼再細細布置，打點起一個全新的家……，光用想像的就很可怕了！媽利也說：「哎呀，眞的很累！那陣子我眞的覺得我快要死了。」即使困難、即使艱辛，她總有想做的事、堅持她想過的人生；也會柔弱，也會叫苦，但其實從不退卻！媽利，就是這樣的人吧！

一向害羞、低調的媽利，爲什麼願意把自己的人生故事寫出來？「我想告訴大家：我曾經過那麼多的困難，有過那麼多的失敗、那麼多的軟弱，但是還是可以走出來。」媽利帶著淡淡的微笑說：「不要失望，永遠要有希望，保持好的意念。」

輯十一

台灣人是誰？
醫學之外的紛爭

前頁圖說／二〇一一年，林媽利獲得國際輸血學會獎（ISBT Award）。

噶瑪蘭口水事件

二〇〇七年的「噶瑪蘭口水事件」讓林媽利醫師聲名大噪，一場遠遠超出醫學研究範疇的風波，把一向不喜歡紛爭、不想被注目的媽利推上了風口浪尖。

現在說起這件事還會讓她百感交集。細說從頭，這要從一九九三年她開始組織抗原的研究說起：

爲了幫助臨床醫生診斷疾病，讓醫生能夠正確判斷患者是屬於組織抗原的哪一型，一九九三年起，媽利投入做「台灣組織抗原測定盤」這項工作。「要做測定盤，必須先測定台灣島上所有族群淋巴球的組織抗原型別（分型），讓淋巴球和台灣地區人們的血清（中的抗體）反應。」那時媽利收集了近兩萬名產婦胎盤的血清，她讓這些血清分別與台灣原住民及台灣人的淋巴球反應，分析結果，在二〇〇〇年做出血清的測定盤。「現在不用這麼麻煩了。」媽利說：「血清測定盤漸漸被DNA的方法所取代。」

雖然如此，當時歷經七年研究後所得的結果，她做出了一張族群血緣關係樹，於二〇〇〇年發表了一篇研究報告，指出台灣的原住民和印尼人、菲律賓人很接近，也和澳洲原住民、新幾內亞高地人的血緣有關，可以推論「台灣原住民是很久以前從南方來到台灣的」。

這份研究報告公布後，很多人問媽利：那台灣人是誰？從哪裡來的？似乎就像當年在美國德州的醫院任職時，她總是會去回答 Dr. Jack Alperin 貼在公布欄上的問題一樣，當有許多人問她「台灣人是誰？從哪裡來的？」「我就覺得我似乎有義務要研究這個問題。」她也醒悟到：是啊，我怎麼忽略了占台灣人口百分之九十八的台灣人的來源和他們的感覺？「所以接下來我就做台灣人的基因研究。結果這變成很政治的議題，很麻煩，所以有陳叔倬那樣的人來圍剿我，才會有『噶瑪蘭事件』……。」

二〇〇一年，媽利寫了一篇文章：〈從組織抗原看台灣閩南人、客家人的來源〉，說台灣人是南亞洲人種，不是北方漢人，結果引起中國國務院的譴責，「說我『有政治目的』、『可恥』……。」事實上，做這方面研究的學者不止她一人，甚至中國中科院的杜若甫教授用姓氏及簡單的血型做的研究結果比媽利的研究做得還要漂亮、完整，「只是台灣只有我們在做這方面的研究。這個很難，做族群的研究非常難。」

本來媽利沒有想那麼多，受到中國國務院正式譴責後她才覺得：這好像是相當可怕的事情。「我沒有政治意圖。我想，人尋求他的根，這是人權。每個人都有權利知道自己是從哪裡來的。」

她覺得自己肩上有一份責任，之後就開始做台灣人DNA的研究。「台灣人一直搞不清楚自己是誰？」台灣人的祖先是誰？是從哪裡來的？「台灣是海島，在古代是和亞洲大陸連結在一起的，一萬多年前遷徙到這裡的人是走過來的，或是從南方走上來；台灣變成島嶼之後，再來的人就坐船從各個方向來，他們會落腳在某個地方……，台灣族群的樣貌就非常複雜。」台灣人的血緣研究很難做，「來自不同地區的檢體，研究結果也會不同；每次研究會有相關的發現，但未必完全符合之前的發現，所以如果要說某份研究資料可以代表台灣整個族群的樣貌，目前還是不可能的。但沒關係，我想我們要耐心做，就像摸象，不斷摸，這次摸到腳，下次摸到耳朵、尾巴……，最後一塊一塊拼湊起來，相信有一天會有比較清楚的全貌。也可能以後有一天有新方法可以一下子揭曉謎底也不一定。」這項工作難做，又參雜了太多政治因素，因爲有些人希望台灣人繼續相信自己是純種北方漢人的後代。雖然十幾年來相關的研究結果已經愈來愈清楚了，但還要繼續努力，「也要培養後繼的人接下去做。」八十歲還未退休的媽利說：「現在我還能像一隻大傘一樣支撐著、罩著，讓研究同仁來做這方面的研究，希望還能多罩他們一陣子。」

高山原住民的研究到一段落，媽利想，「消失中的平埔族」大家都忘記了，應該要做平埔族的研究，「因爲沒有人做。」原來這是涉及政治敏感的研究禁忌，唯恐被大家發現台灣人和平埔族血緣的關係，而影響台灣人是炎黃子孫的概念。

二〇〇七年一月，如之前許多次採集檢體的工作一樣，先經過和部落長老及頭目數次電話聯絡說明後，媽利與團隊研究人員赴花蓮豐濱鄉新社部落採集二十九名噶瑪蘭族人的唾液，「當天早上先有村長用噶瑪蘭語的全村廣播，說明我們這次的工作，等族人過來後，我們也一邊說明、一邊採檢體。」沒想到這次在有心人的操作下，最後引發部落族人抗議，雖然之後得到國科會平反（九十六年八月二十一日臺會綜二字第〇九六〇〇四三二七九之一號函），但當下媽利被裁定為「違反醫學研究倫理」，說因事先沒解釋清楚，不但所有採集的檢體銷毀，也斷了此後其他研究者的路。「這個事件之後，不但我不能再做原住民基因的研究，別人也都不能做。到底是誰受害？是所有原住民。」因為沒有人做相關研究，以後原住民疾病、健康方面的資料庫等同於從此停止更新。

事後媽利曾經寫了這麼一段文字：「……我想，如果沒有陳叔倬等三人在我們採完口水後幾天到當地調查，告訴噶瑪蘭人說：『您們怎麼那麼笨，把口水給林醫師？』（族人轉述）大概就不會演變成現在這個樣子了。本人做原住民的研究，是因著對發掘台灣歷史的使命感及對原住民的關懷，現在因為有心人士的操弄，使閱聽大眾認為研究原住民就是與利益掛勾，眞是本人始料未及。事實上，在二十一世紀初人類基因體已全部解碼，目前絕大多數的法律界與生物醫學界人士皆傾向不給予基因專利，以免減緩生物科技的發展，有違大部分群眾的利益。衷心期待公義早日到來，學術界回復到以往的單純與安定，我們對原住民的關懷可以發揮到增進他們福祉的地方。」

單純的初心演變至此，對媽利是一大打擊，「這件事給我帶來很大的挫折。並沒有特別做什麼事，突然從四面八方對我有很多批評，在我頭上安了很多罪名，莫名其妙，措手不及，不知道是怎麼回事，就是這種感覺。」媽利在原住民部落跑了幾十年，「我一直是很好意爲原住民做事情，突然遭受這樣的批評、抹殺……，後來才知道有政治因素，這讓人很不舒服。」相比於二〇〇一年中國國務院的「譴責」，「那還沒什麼關係，我覺得那個離我很遙遠。噶瑪蘭口水事件太切身了。」

雖然在相關的會議中媽利也拿出證據，指明同時間也在中國做族群工作的陳叔倬別有用心、言行不一，也曾撰文理性客觀地說明此事，但就此事掀起的風波和對自己的傷害程度來說，幾乎可以說她是緘默的。「這個事件我從來沒有正式出來大聲爲自己做辯解，主要考量是我覺得這樣會傷害噶瑪蘭的人。我反擊回去又怎麼樣呢？」因爲當時噶瑪蘭族剛剛正名成功，他們擔心DNA的檢查結果顯示出他們可能混血的情形，而影響他們好不容易得到的噶瑪蘭族正名結果。

在人的社會一時無法得到公正時，就必須信靠信仰的力量。很難受的時候，媽利對上帝禱告，《聖經》中的箴言總在她遭遇人生最低谷時給予她內心的力量，《舊約聖經》〈以賽亞書〉四十一章十節：「你不要害怕，因爲我與你同在。不要驚惶，因爲我是你的上帝。我必堅固你，我必幫助你。我必用我公義的右手扶持你。」——這是一九九二年離婚之後那段日子給媽利很大力量的話語。「我當得的理，必在耶和華那裡。」（〈以賽亞書〉四十九章四節）——「噶瑪蘭口水事件」之後，是這句話給予她力量，「我的賞賜必在上帝那裡。所以我不想一再爲自己申辯，我不想傷害原住民朋友。即使一直沒有還我公道也沒關係，因爲最後上帝還是在那裡。上帝是公平的。」

雖然被政治潑了一身髒水，雖然有些人用有色眼光看媽利，但說起「台灣人是誰？」媽利說：「我想來想去，要講台灣人，應該要從文化來講，而不是從血緣來講。因爲台灣人的血緣（來源）太多元了。應該說你認同台灣就是台灣人，不管你是從哪裡來。」

讓二二八遇害的遺骸回家

近幾年來，媽利還投身於另一項沒有人做的研究：讓二二八事件遇害的遺骸回家。

發生於一九四七年的二二八事件，是台灣民主政治歷史上一道慘痛的傷口，至今整個事件還有許多謎團沒有解開，許多眞相未得公開，而當時許多莫名被殺害、消失或失蹤的台灣菁英骨骸不知所蹤，英靈未得告慰；對這個事件的沉默、忽略，似乎正說明了台灣社會還沒有眞正地從這個夢魘中醒過來、站起來。

「一九四七年，我們家從中國東北搬回台灣高雄圍仔內——我父親的故鄉，那年就發生了二二八事件。那年我九歲，我記得有槍聲，但到底怎麼一回事？不知道。大家都不講。」媽利說：「我總覺得這件事不那麼簡單。始終沒有講清楚、好好解決，造成台灣族群之間很多問題、對立和不安。這件事應該要解決，把事實公開，該道歉的要道歉，老是掩蓋著裝作事情已經過去，我覺得有一天會爆炸。」

當時媽利的父親有時會說起他的某某朋友不見、失蹤了。一九五一至七四年媽利的父親在台南開設「林外科」，一九七四年赴日本東北當無醫村的醫師，結果名列政府「黑名單」，十幾年無法回台灣，直到一九八七年才回來。一九九三年，在父親彌留的病榻前，他拜託女兒媽利：「以後有辦法、有機會的話，幫我尋找在二二八時我失蹤的好朋友林茂生（台大哲學系教授）的遺骸。」幾十年來，父親始終掛心著無端失蹤的好友不知屍骨何處？何時才能回家？「父親的著眼點完全是從人道出發，他希望能找到好朋友的屍骨、讓他回家。」當年父親和林茂生教授怎麼認識的媽利並不知道，父親在去世前提出這個心願，當時她也不知道怎麼幫父親這個忙？但命運眞是很奇妙，一九九三年父親過世之後，因緣際會地她就開始做組織抗原、DNA的研究，一路做下來，終於她發現，她「有可能可以完成父親的遺願」。

二〇〇七年馬偕醫院成立了「古代DNA實驗室」，「如果保存情況好，遺骸中的DNA可以保存很久。我們曾做過四千五百年前人骨中的DNA。」二〇一七年在馬祖的小島亮島找到七千年前人的遺骸，裡面的DNA都還保存著，也可做爲研究；而如果找到七十年前二二八受難者的遺骸，「要找出『他』是誰沒有問題，但是要先建立受難者後代子孫的DNA資料庫。」雖然「古代DNA實驗室」二〇〇七年就成立了，但頭幾年媽利不敢做二二八受難者研究計畫，「我覺得這個事情好可怕！」但之後一來想到父親臨終前的囑託，二來媽利的一些同事也說應該要做，而且要快，「再不做就更難做了。」因爲二二八受難者的兒女也已至耄耋，如果再隔一代，要做恐怕會更困難。

於是媽利決定行動了，二〇一一年又成立了「近代DNA實驗室」，開始做二二八受難者研究計畫。但幾年來媽利感覺到頗寂寞，「這個研究計畫似乎還做不起來，台灣人好像很怕去碰這個主題。」她曾經向二二八基金會申請一年三十一萬元的研究經費，得到的回覆是「沒錢」。「其實不是沒錢，他們大概害怕吧！」媽利說：「這樣的事情其他國家都在做，連越南都在做，我們眞的也應該要做。好好地面對歷史，才能踏實地向前走。」

因爲這個計畫，她認識了一些二二八受難者的後代，有些人至今還在尋找父親的遺骸。在這個計畫「寂寞地」進行了幾年之後，媽利也不是信心十足，「也許眞的不太可能找到遺骸。現在我也在想，也許我應該放棄……，但我還是想努力一下再說。多少盡一點心力，看看未來是否有什麼發展可能。」

十年上百場演講

這十幾年來，媽利在工作上還有其他成果和進展，像是發展了另一種研究血小板的方法，和MP法的自動化。一九八三年研發出的MP法已推行在全台灣使用，這是適用於亞洲人最好的方法，同時也在與時俱進：原始的MP法需要人工、手工來做，自動化是必然趨勢，不但可降低人爲操作的錯誤、使數據具有一致性、結果也有照相紀錄，「這些年來我們投入於MP法自動化的研究工作，一關一關、一項一項去設想、試驗，和廠商合作製造機器。現在機器的雛形已經出來了，以後不但會在台灣使用，也將推行到中國、東南亞等地。」

二〇〇八年起，媽利開始做粒線體DNA（母系血緣）的研究，「每個細胞裡有幾百個粒線體，每個粒線體中有環狀的DNA構造，細胞分裂時粒線體也會分裂，粒線體DNA在複製時有時像我們在串珠子時會串錯珠子一樣，DNA序列也會串錯鹼基而發生『突變』，突變如果發生在卵細胞就會遺傳給下一代。每個人的粒線體都是從媽媽來的，因爲卵細胞受精時，精子細胞的粒線體就消失不見了，所以每個人的粒線體都是來自媽媽的粒線體，粒線體DNA的研究就是母系血緣的研究，可以追蹤母系血緣。」

除了研究工作不輟，她也不斷有演講的邀約，二〇〇六至二〇一五的十年間有一百多場演講，「主題絕大部分是關於台灣的族群，大概有一成是關於輸血。」媽利說：「我這十幾年主要在做的事，是希望釐清一些事情。並且由於我們研究團隊不斷有些新的發現，我也不斷在改變自己的看法，論證也在不斷修改。有人說我怎麼一直在變？這是當然的，因爲台灣的族群那麼複雜，除了近四百年唐山公的移民外，放大到近幾千年，台灣人的祖先在不同的時間、從不同的地方經水路到達台灣。」以前媽利做輸血研究也一樣，一旦研究有所發現，她都會盡快公布讓大家知道，較偏醫學、學術領域方面的發現她會寫成論文，但關乎社會大眾想要知道的（譬如Rh血型），她就會用演講的方式去傳播，「算是一種社會教育。」也是根植於知識分子、士大夫心中的社會責任。

本性並不喜歡上台講話的媽利幾十年來不斷努力演講的原因是，「希望我們的發現能夠回饋社會。」「族群的問題既敏感又很重要，但我知道我有責任，當有新的研究發現時，應該要讓關心的大眾知道。」每次演講前，她都要祈禱，靠著信心去講。找了個空檔整理這十年來的演講，才發現自己竟然講了上百場的媽利笑說：「我想我眞的是很有勇氣，才有辦法講這麼多場『可怕』的族群演講。」

在醫學研究者的身分之外

二〇〇八年五月底，是媽利的七十歲生日。前一年「噶瑪蘭口水事件」讓媽利備受衝擊，沒想到馬偕的同仁們卻爲她籌畫了一次意外的慶生會，「他們都瞞著我，當天下班一個同事說：『林醫師，我帶你去一個地方。』去到餐廳才知道竟然是我的生日會。」

這場慶生會不但溫馨熱鬧、美食與笑語不斷，媽利還收到了一份特別的生日祝福卡片——這張卡片裡有十五張內頁，有七十多位同仁手寫的生日祝福字句篇章：

「在台大病理研究所和您剛到馬偕紀念醫院時和您一起做病理解剖，最近幾年來從事HLA與自體免疫疾病的研究，在您的指導中，學到了實驗研究的方法；從您的治學態度，學到了積極和堅持；從您的待人接物，學到了慈善和樂觀。」

「您可說是除了我媽以外另一位影響我很大的女性，何其有幸！我看到您的堅持、樂觀、熱心、愛朋友……，讓我一路在尋找自己的人生方向時，好像看到一個指標。」

「非常感謝您提攜晚輩醫生的氣度，在您身上我常感覺到一份自始至終都忠於追尋眞理的眞誠和堅強的毅力。」

「有您眞好！不論是從醫學界、馬偕醫院、台灣社會或是我的鄰居……，您其實是神的寶貝，是神所重用的器皿。」

「感謝有您的教導及關愛，我才能在身、心、靈上成長與茁壯。」

「對您一直有種難以用筆墨來形容的情感，而您所展現出來的執著、溫柔、善良與堅忍，在我的心中，您是天下最好的主管、長輩。」

「您是我們永遠的甜姐兒。」

「在馬偕二十七年的日子裡，每遇到挫折、困難、徬徨，有您的關懷、開導及指引，使我更有勇氣去面對。您是我們全家人的貴人。」

「有您眞好，謝謝您的栽培。」

「十幾年來看到您對工作的認眞與執著，對抗疾病的毅力與堅持，對思想理念的付出與努力，從中我學到很多，用語言文字無法形容的。」

「能成爲您實驗室的一份子是我最榮幸的一件事。」

「您是一位很開朗、仁慈的長輩，很愛護大家，很關心每個晚輩。常聽到您開懷的笑聲，感染每一個人的心情也都跟著開心了起來。」

「對您的感覺，我以『太極』來形容——是柔中帶剛的。平時您是溫柔、慈祥的，但在學會或是拿起HLA或親子鑑定報告時，您眼裡的『氣勢』會令人不寒而慄。」

「永遠的馬偕小白花，原以爲純潔高雅的花瓣難以抵擋狂風驟雨的爲難，經歷歲月的洗禮與滋養，卻驚豔於您智慧美麗的綻放。」

像這樣「意外的生日慶祝」在媽利的生命中不止一次，「有一次生日我也很難忘，那是一次國際會議的場合，好像是馬偕同仁告訴主辦單位那天是我的生日，我講完之後，李慧玲代表研究室送花給我，原民會主委瓦歷斯・貝林送給我很漂亮的排灣族琉璃珠項鍊，投影大屏幕上還出現跨年時一〇一大樓煙火秀的照片……，很驚喜。」

除了「台灣輸血醫學之母」的稱號、對台灣輸血醫學的貢獻，和台灣人的來源、噶瑪蘭口水事件等的爭議，在醫學研究者的身分之外，媽利更是一個非常具有溫度、總是散發正面能量的人。

幾年前，媽利家族中一個讀國中的孩子蘇柏云寫了一篇得獎的作文〈虎姑婆〉，描述自己所認識的姑婆——媽利：

虎姑婆

從小我就知道家族裡有一位傳奇性的人物——虎姑婆，但她究竟是誰呢？我也不清楚，也許就是童話故事裡那個會吃小孩的虎姑婆吧！但漸漸長大，我發現虎姑婆之所以會叫「虎姑婆」只不過是因爲她生肖屬老虎罷了，而虎姑婆眞正的名字是林媽利，她是位親切和藹、笑容可掬的長輩，更是一位了不起的醫生和學者。

她現在是台北馬偕醫院的顧問，雖然顧問不必每天上班，但她依然每天上班，爲何要如此辛苦呢？都已經是七十五歲的老人家了，大可以在家享清福。是她喜歡賺錢嗎？當然不是，那是因爲她把自己的工作視爲一種責任、一項使命，過去她致力於建立台灣的輸血系統、改善血庫的品質；現在她則在研究台灣各族群的血液，揭開他們的身世之謎，這不僅可以了解疾病發生的原因，更可以藉此促進族群融合，增加大家對台灣這片土地的認同。

五年前，姑婆接受媽媽的邀請，在高雄買了一棟房子，從此才有機會相處，因此我發現這位虎姑婆心中居然住著一個小女孩，她以充滿好奇的心，熱忱地帶著我一面吃冰淇淋、一面探索夢時代這個「大遊樂場」，還有她比我更有熱情地參加跨年晚會，並跟著人群一起揮舞螢光棒……。

其實虎姑婆身體並不好，多年前，她基於人道的關懷，前往中國幫助他們的血庫，回國居然發現染上C型肝炎，必須長期接受干擾素治療，其中的疲倦與辛苦不在話下。記得約三個月前某個週五的晚上，她告訴媽媽她有瀕臨死亡的感覺，隔天我們前去探望她，豈料她那早還抽身至高雄醫學院演講。媽媽大吃一驚說：「妳不是說痛苦得快死了嗎？怎麼還不忘工作？」姑婆說：「這是早就答應人家的演講，不能輕言爽約。」頓時，我突然覺得姑婆果然具備和老虎一樣堅強的意志力與超凡的使命感。

我很幸運能有許多時間和姑婆相處，看見一位在自己崗位上認眞負責的人，把早期醫學上屬於冷門的血液研究做得有聲有色，不但成就了自己，也幫助了許許多多的病人。外界看姑婆是一位光鮮、有名望的女性，而我更看到一位歷經患難波折、病痛不斷，卻從不退縮，努力、努力、再努力的勇者——這就是我的虎姑婆。

二〇一二年六月，《馬偕院訊》刊載了由醫學研究部輸血醫學組助研究員陸中衡寫的這篇文章：

我人生的導師——林媽利醫師

年初在醫研部的忘年會中，陳持平部長要求我爲林媽利醫師寫一個專訪。我想這下慘了，訪問別的醫師，因爲不是很熟，反而可以針對事前想定的特定問題分析討論，但要寫林醫師，自己跟了她那麼多年，彼此之間非常熟稔，寫她，倒像是寫我在馬偕工作、成長的故事，很有近鄉情怯的感覺。

認識林醫師已經二十幾年，對我而言，是老闆、朋友，也是重要的人生導師。從林醫師在擔任檢驗科主任兼醫研科主任開始，我就是她的部屬。這些年她從檢驗科主任的位子退休、再聘；我也在一九八九年離開馬偕到美國念書，後來又再輾轉回到馬偕，彼此都經歷了許多事。由於我絕大部分在她手下工作的內容都與台灣的族群研究有關，所以本篇文章主要來談談有關林醫師近十年的族群研究。

台灣輸血醫學之母

眾所周知，林醫師是馬偕血庫的負責醫師，所以她的研究開始是以紅血球抗原為主。後來林醫師又投入研究台灣族群的組織抗原，並將適合台灣人使用的組織抗原血清鑑定盤建立起來。

二十一世紀後，DNA定序成為一個很普遍的實驗工具，林醫師實驗室也因為要發展親子鑑定的輔助檢測，而開始粒線體DNA的定序工作。由於當時人體試驗的規定並不像現在那麼嚴謹，因此實驗室便將早先為檢測台灣族群組織抗原工作所收集的DNA檢體都做了粒線體DNA的定群（單倍群）工作。原只做母系血緣，後來又再做了父系血緣，即Y染色體的研究。這樣才能對台灣族群來自父系及母系的來源做較全面的認識。

二〇〇五年，林醫師應中研院院士李壬癸教授之邀，主持一個跨領域研究計畫中的遺傳學子計畫，研究台灣南島語族與東南亞、甚至大洋洲南島語族之間的關係，因此在馬偕實驗室中再加入古代DNA及平埔族的血緣研究。

二〇〇七年雖然發生令人遺憾的噶瑪蘭事件，但林醫師絲毫沒有放緩她研究的腳步，繼續爲台灣族群血緣研究貢獻心力。去年在台灣醫學會年會上更獲頒杜聰明獎，我們分享她的榮耀，但在此更要見證她的努力與堅持才能完成這一切。

寧做貴人不做貴婦

我想林醫師的一生都十分引人注目。在大家都爭相去做一位「貴婦」的時候，她卻選擇成爲幫助別人的「貴人」。林醫師的母親是日本人，在她年幼的時期，風氣還沒有很開放，大家可以想見別人是如何看她這位混血兒。林醫師由高醫畢業後，雖然成績很好，但是那時台大根本不容許女醫師進入主流科別（如內科），因此林醫師就進入病理科研究及教書。後來她雖然在台大病理科當上副教授，但仍然有聲音不時要她離開台大。之後她由美國回台後進入馬偕，也是因故無法進入病理科才到檢驗科擔任主任的工作。

直到噶瑪蘭事件的發生，她也經歷到有心人士抹黑、同儕的不諒解、國科會的責難、全國人體試驗倫理課程中教師的譏諷等待遇。我不知讀者您們碰到這樣事情的反應會是怎樣？我想我大概會躲在家裡哭，就此不問世事，告別江湖。但林醫師她採取了反擊的動作，告訴所有的人她沒有錯。有時我會想，上帝啊！爲什麼祢會給林醫師這樣大的磨難？不過我想，要不是林醫師這樣 tough（堅強），台灣的族群研究沒有辦法做得起來。

激發一股愛台灣的力量

至於跟隨林醫師這些年，我學到了些什麼？我想是她對台灣人的愛激發了我對台灣人的愛。我的成長背景是中產階級的外省人第二代，一直到念大學時才開始有了台灣意識，並開始對許多不公平的現象感到困惑與不安。在馬偕的族群研究中，我由研究台灣原住民、平埔族的血緣，開始去讀台灣的歷史及屬於民族學、文化人類學的東西，進而對台灣人及這塊土地有更深的認同。在這當中，我體認到台灣這塊土地與人民所帶給我的滋養，就像養育我的母親，更是培養我長大成人的基石與根本。

林醫師堅毅又溫柔、溫暖又豪邁，處世非常有智慧及原則，很像《聖經》〈箴言書〉第三十一章中所敘述的那個美麗的女子。很感謝上帝讓我跟著她工作這許多年，看到一位不凡女性的典範。

後記：在二〇一一年林醫師共獲得三個獎項，分別是：第三十二屆巫永福文化評論獎、台灣醫學會杜聰明博士紀念獎和國際輸血學會獎（ISBT Award）（第一位台灣人獲得此項大獎）。

在國內醫學研究環境這麼艱鉅的狀況下，林醫師還能由一個財團法人教會醫院中脱穎而出獲得這些獎項，眞是十分不容易。林醫師説她總有離開研究室的一天，盼望馬偕同仁看了她的例子，能夠不屈不撓、努力打拚，超越她的成就，她就覺得她以往的一切努力都是值得的。

輯十二

永遠無法放棄對美的追求

前頁圖說／二〇一四年聖誕節，與研究室同仁合照。

緬懷杜聰明先生

二〇一六年十月，由高雄醫學大學海內外校友組織的「高醫轉型正義促進會」在高雄舉行抗議活動，提出陳氏家族退出高醫、還原杜聰明校長創辦高醫的歷史原貌等訴求。身爲高醫第五屆校友、早在十幾年前（二〇〇二年）就是高醫「杜聰明博士紀念館」籌備處召集人的媽利，也專程從台北坐高鐵趕到高雄參與活動。那天，她以前的一個學生正巧到高醫演講，看到這位年近八旬的老師竟然也出現在示威隊伍中感到很驚訝。對於某些她很在意的事、與公平正義有關的事，她的心似乎永遠像個年輕人。

高醫的創辦人杜聰明博士是媽利十分敬佩的人，而杜聰明博士「樂學至上、研究第一」的精神，更影響了媽利一生。

杜聰明先生是第一個畢業於日本總督府醫學院的台灣人，而且是第一名畢業，「他的其他同學都去開業了，他說他不開業，要做研究，就申請去日本京都大學念博士。當時日本人很質疑他的能力，不收他，還是總督府醫學院的校長寫信去，說：你們一定要收這個人，他是第一名畢業，非常優秀。」後來杜先生進了京都大學念醫學博士，並以非常優秀的成績畢業。「他回到台灣後，當了台大醫學院的院長，但由於政治因素，有一陣子他躲起來，躲了一年多，之後院長也不能當了。他就說：好，那我去南部創設一流的醫學院吧！」媽利說：「在其他許多國家，一流的學校都是私立學校，在台灣不同，私立學校缺乏經費，於是也難以提升教育品質。當年杜先生很辛苦，我們常常看到他爲了經費奔走，後來又被陳啓川他們趕出高醫……，我們都很難過，眼看我們所尊敬的校長被財團欺負、學校被財團控制。」有一陣子，媽利對於社會的現實感到很灰心，「這個社會是不是只要有錢就行了？學問不值錢，努力做研究也沒有用？」但最後媽利還是決定相信「樂學至上、研究第一」的價值。

二〇〇二年左右，《一代醫人杜聰明》一書作者楊玉齡告訴媽利，爲了寫這本書，她到高醫訪問學生、老師，「很多人都不知道杜聰明這個人，而且杜先生的遺物也散落四處，很多都找不到了。」當時媽利就和杜先生的女兒杜淑純女士一起去了一趟高醫，和校方商量在校內設一個紀念館，好讓杜聰明校長的精神永存高醫，「否則高醫的師生都不知道杜先生，那怎麼可以？」媽利自動請纓擔任發起人，號召海內外高醫校友捐款襄助，募集四百多萬元，後來果然在高醫校內創設了杜聰明博士紀念館。「如果高醫忘了杜聰明先生，我認爲是飲水不思源，忘恩負義。」

二〇一六年，「陳建志（陳氏家族第三代）是高醫的董事長。當年他的爺爺陳啓川說他們家捐了十一甲地，所以從他爺爺開始就做高醫的董事長，陳氏家族連續三代都當董事長。」那次去高醫抗議，「大家都在講，捐了十一甲地是騙人的，因爲那些地都是三七五減租、耕者有其田之前他們家的土地，後來地分給佃農了，他們是慷他人之慨把地給杜先生，說讓他建學校，後來杜先生要建校舍時才發現不能建，因爲土地是屬於佃農的，所以還是校方出錢向佃農買的地。學校建起來後，周邊的土地也增值了，陳家就把周遭的九甲多地都畫爲校園，並賤賣給自己的公司，再去蓋房子牟利……。」媽利很感慨，「我記得我畢業的前一年、第四屆高醫的畢業典禮上杜先生說：『學者和政客相爭，等於是雞蛋丟到石頭上，粉身碎骨。』讓人很難過。」

「高醫的附設醫院每年賺幾億元，陳家就把醫院變成不是屬於高醫的，而是屬於董事會，把錢都拿走，名字也改爲『中和紀念醫院』（陳中和是陳啓川的父親）。其實他和高醫一點關係也沒有，要改名也應該改成『杜聰明紀念醫院』才對，因爲高醫是杜先生一手興辦起來的。陳家就這樣霸占、把持高醫的董事會和醫院，給高醫的教學發展帶來不良影響，以牟利爲主的附設醫院也引發多起醫療糾紛，也使原本排名不低的高醫，現在變成台灣倒數第一、第二的醫學院。台灣大多數高校都是私立學校，私立學校的辦學品質，影響大多數台灣學子和台灣的未來，所以很重要，私立學校不能成爲私人財產，必須要修法。」

翻看那次到高雄參加抗議活動的照片，「我想我十幾年前發起在高醫設立杜先生紀念館還是有點貢獻，否則更沒有人記得杜先生了。」媽利說：「參與這些事，別人怎樣說我無所謂，我最怕現在不做、不站出來，以後會後悔。」

貢獻獲得肯定

媽利的眞誠、努力和貢獻，還是有許多人看到、爲許多人所敬佩。二〇一〇年，媽利獲頒高醫第十四屆學術類傑出校友獎，肯定她「協助建立台灣全國性的捐血制度與輸血系統，並系統性地研究國人各種血型的發生率與輸血反應，對國人輸血安全的維護貢獻良多。另對台灣大部分族群血緣的來源及結構，做全面性研究及分析」的卓著貢獻。

二〇一一年，媽利得了三個獎，一是「巫永福文化評論獎」，媽利說：「因爲我寫了《我們流著不同的血液》這本書。張炎憲教授評語說：我把台灣人的血緣這樣很複雜的事情，用很簡單的方法講述出來，讓人容易了解。書末我附錄了一百多篇所發表的論文篇目，他們說：一個人發表了那麼多論文，可見研究之深刻。」得獎證書上寫著：「林媽利先生從事文化評論著有成就，所著《我們流著不同的血液》經本會評選結果，評定爲第三十二屆巫永福文化評論獎得獎作品。」

其次獲得國際輸血學會獎（ISBT Award）——她是第一位獲獎的台灣人，「多年來我在國際輸血學會眞的做了很多事情，也參加很多委員會，他們說因爲我對台灣輸血醫學教育很有貢獻，也做了很多醫院的評鑑，幫助建立台灣的捐血制度與輸血系統，還做了很多研究，所以頒獎給我。」

第三是獲頒台灣醫學會杜聰明博士紀念獎，肯定她紹繼杜聰明博士「研究第一」的精神。

二〇一七年，媽利獲頒 NATPA 北美洲台灣人教授協會所主辦的第三屆「廖述宗教授紀念獎」，這個獎頒發給「長期耕耘，並對台灣有卓越貢獻的海內外台灣人」。還獲頒立法院厚生會「醫療奉獻獎」，肯定媽利對台灣醫療的服務及貢獻。

能量驚人的「九命怪貓」

一生與許多疾病交手的媽利，不但年近八旬還在工作、奔走，甚至同時也還在譜寫她漫長的「抗病史」。媒體採訪她養生之道，她戲稱自己是「九命怪貓」，從高中時的嗜睡症，大學時期罹患「再生不良性貧血」，中年罹患乳癌、失憶……，花了十年告別肺結核，C型肝炎更糾纏了她二十年之久。二〇一一年，七十三歲的媽利加入C型肝炎口服新藥的臨床試驗，原本很樂觀，沒想到她對新藥的負向反應很大，不僅出現呼吸困難的狀況，連味覺也受影響，食而無味，不到一個月她趕緊退出試驗，無計可施，她只好沿用老方法——繼續打干擾素治療，沒想到這次之後卻有效果了——和爲什麼得病是個謎一樣，怎麼痊癒的也是個謎，但媽利終於告別C肝。

外表嬌弱的媽利有著驚人的能量，這不僅表現在研究工作上、「輝煌」的抗病史上，還表現在她的善於搬家。搬家是多麼累人的一件事，想必大家都知道。媽利搬過很多次家，即使在七十歲之後。「搬家確實很累，有時我都懷疑自己能不能撐下去？我如果住不好健康會受影響，一定要趕快搬家。我很會搬家。」二〇〇八年她還曾經搬到高雄市一兩年，台北、高雄兩邊跑；有一年她甚至搬了三個家：「從高雄搬到台北新生北路（有些東西還放在高雄），又從新生北路搬到淡水捷運站附近大樓。買了淡水新民街這個房子後，從捷運站搬來這裡，高雄的東西也搬來這裡。」二〇一一年底，和郭教授搬到淡水新民街的房子後，媽利終於不想再搬家了，在這個家裡每天都能看到很美的天空、彩霞，媽利很喜歡，覺得這裡是「可以長久住下去的地方」。

「如隱．隨行」個人畫展

二〇一〇年，媽利到美國找高醫時畫社的老同學，跟著老同學開始接觸、學習「蠟彩」，媽利很喜歡這個方式，「油畫油的氣味會讓我難受，所以我畫壓克力，顏料是水溶性的，沒有味道，但覺得深度不夠，表現不出意境，一直感到遺憾。蠟彩正好可以突破這個瓶頸，不但沒有油的氣味，畫出來的畫也有種立體的感覺，可以表現出一種意境。」媽利畫了很多蠟彩的畫，尤其在搬到淡水新民街的家之後，因爲「這裡的黃昏很漂亮」，美麗的黃昏讓媽利自然而然想畫畫。

美國有不少人畫蠟彩，台灣沒有人畫蠟彩，有天媽利想：是不是應該把這些蠟彩的畫給更多人看？或去參加畫展，擴展這樣的畫風……，就去打聽，有人建議她找幾個地方洽詢看看，因此和淡水的古蹟博物館聯繫上，他們看了媽利的畫覺得很好，問媽利有沒有畫冊？「我說沒有。我只是自己喜歡畫。」對方就到媽利家看她的畫，然後說「可以開畫展」。「眞是沒想到。」在七十七歲迎來此生第一次個人畫展的媽利笑說。

二〇一五年六月至十一月，「如隱．隨行——林媽利醫師的彩繪科學人生特展」在淡水滬水一方藝文空間展出，許多媽利的老朋友、學生、親友都欣喜與會，分享那些美麗的色彩、生動的線條、生命的綻放與幽遠。「美的東西我還是沒辦法放棄。」媽利說。

開了個人畫展，也有了個人畫冊，之後媽利把畫冊寄給一些朋友、學生，其中任職中國醫藥學院的張建國醫師把媽利的畫冊給院長看，院長看後決定邀請媽利參加二〇一六年在亞洲大學現代美術館展出的「可醫可藝」八人聯展。畫冊中陳奕翔如此介紹媽利：

血脈賁張的剎那美麗

「我想要抓住並表現一剎那美麗的感覺，我一直努力在做這樣的事情。」林媽利醫師如此定義她的創作目的。對於上帝創造的美麗世界，無論是透過鋼琴或蠟彩，她想要用追求醫學的努力不懈，盡其可能地捕捉所見的一切。

一九三八年出生在宜蘭的林媽利，幼年因父親工作關係而在日本及中國東北長大，在第二次世界大戰後於一九四七年回到台灣。自北二女中（今中山女中）畢業後，即使自小就愛畫畫，對文學藝術懷有濃厚的興趣，甚至一心一意想念中文系，但在父親強烈的期待下，最後仍選擇高雄醫學院。

在枯燥乏味的醫學系生活中，藝術成爲不可或缺的滋潤與依託。由於母親深知她最愛的還是藝術，因此在入學的第一年起便爲她聘請了優秀的鋼琴老師，讓林媽利在課餘時間仍有機會接觸興趣，舒緩學習的壓力。此外，當時的高雄醫學院院長杜聰明博士認爲，一位優秀的醫師不能僅懂醫學，還必須同時廣泛涉獵藝術、文學、哲學等領域，因此延聘當時知名畫家，台灣美術界重要的前輩畫家劉啓祥在院內開設「星期六畫會」，這契機無形中成了林媽利藝術生命重要的養分，開啓了新的創作篇章。在劉老師悉心教導下，林媽利接觸各式不同的媒材，包含素描、水彩、粉彩及油畫等等，同時也打下穩固的繪畫技巧基礎，此外更找到了熱愛繪畫及藝術的同好們，如藥學系的李憓理與藍碧貴女士。緊拉著鋼琴、繪畫和摯友的手，林媽利也一步步涉過挑戰與困難，順利完成醫學系學位。隨後，她前往美國德州求學深造，期間開始接觸壓克力顏料，對於這樣同時具備繽紛多色、輕快易乾又可呈現肌理的媒材，她感到相當興奮，也藉此畫了許多新畫作，而不再使用油畫創作。

然而，壓克力顏料的創作終究還是遇到瓶頸。林媽利認爲這項媒材畫不出她想像中的那股勁道，少了一股生命該有的深度內涵，眞正讓林媽利感到滿意的媒材直到近期才出現。那年她前往美國佛羅里達州拜訪在高醫一起習畫的同好李憓理女士，在李女士的介紹下，林媽利認識了「蠟彩」，這是一種由蜜蠟、樹脂和顏料棒組合而成的媒材。蠟彩最早可追溯到古埃及的人像畫應用，以及希臘羅馬時代的陪葬肖像上。直到中世紀，蠟彩畫技術仍一直被少數的藝術家們使用，可惜因爲工具的準備及創作的繁複過程，在文藝術復興時期，蠟彩呈現將近失傳的狀態。在當代藝術中，熱蠟這項媒材又再度興起，例如一九五〇年代美國著名波普藝術家賈斯培・瓊斯（Jasper Johns）熱衷於將熱蠟與雕塑結合。發現蠟彩這新媒材讓媽利感到驚艷不已：「這是一種有厚度、有深度內涵和意境的材料。」相較於壓克力的輕快，蠟彩能顯出筆觸沈穩飽滿的力道，也能創造出豐富的融合與層次堆疊。

同時在作客期間，媽利就和李憓理在家裡豪邁恣意地潑灑顏料，也用壓克力彩歌頌上帝所創造的自然與陽光之美，畫出〈春之聲〉一圖。

這一切彷彿是上帝冥冥之中的安排，讓具有「台灣輸血醫學之母」盛名的林媽利，認識好似血液般流動的熱蠟，一切就如故友相遇般一拍即合，此後便以闇藍暮色、粉黛櫻花、亮白雲海等爲題，用蠟彩畫出所見的秀麗美景。

醫學與藝術是一樣的，在血液醫療事業裡，每個科學研究、每篇學術論文都彷如藝術般，需要縝密的思索與安排，並將豐碩的成果與社會共享。透過藝術，林媽利則想要抓住並表現一剎那美麗的感覺，讓大家都能享受爛漫的瞬間。

本次展出總覽林醫師早期紮實的寫實風格，以及晚近即興的抽象畫風，讓我們細看理性與感性所激盪出的浪漫詩意，醫與藝和鳴的讚頌。

感謝上帝

年近八旬的媽利生活似乎愈來愈豐富，二〇一六年冬某天去拜訪她，她說「忙得沒有時間彈琴。像今天早上把報告趕完就去畫室畫彩繪玻璃、把畫送進窯裡烤，然後回來吃午餐、等妳來！」

她在淡水老街附近租了一間畫室，「因爲那裡有烤窯。」她固定每週五上午去畫室。彩繪玻璃是她多年來的一個夢想，十幾年前她曾經想幫東埔旁的豐丘教會做彩繪玻璃，「後來豐丘教會已改建成大教會，有很多玻璃窗，透過玻璃窗，可以看見外面很美的山景。所以我想，我就別跟上帝競爭了。」媽利笑說。

媽利所喜歡的彩繪玻璃，又是一種獨特的創作方式，「沒有人這樣畫。歐洲教堂的彩繪玻璃是把有顏色的玻璃切成一塊塊，再用鉛條把不同顏色的玻璃連接起來、拼成一幅畫。我不喜歡這樣，我想直接畫在玻璃上。」這種作畫方式「需要很多學習和試驗」，目前還在摸索期，半年多才完成第一張「處女作」。

二十多年來攜手同行，媽利和郭教授早已像是朋友般的伴侶，每天早上一起讀《聖經》、一起禱告，晚上常常一起看日本的古裝劇。仍然每週一次去大賣場採買。生活上一起作伴，每年會一起出國，去日本看櫻花、賞楓葉。雖然近幾年郭教授走路比較不方便，但媽利會找熟悉二老情況的導遊同行，一切就會很安心。

回首這一生，雖然有很多挫折，「我還是很感謝有這一生。早上醒來，我很感謝有這一天，美好的早晨、陽光；吃到好吃的東西，也覺得很感謝；晚上睡覺蓋的棉被好舒服，也很感謝。」媽利笑著說：「如果現在上帝要我回去，我都ok了啦。」

「我想，最後我要說，感謝上帝，以及我身邊的人，不管是幫助我的人還是給我困難的人。」沒有這些困難，何來這樣豐富的人生？過去的媽利有時會抱怨人生的不平順、生命中某些折磨她的人，但人生走到眼下，「我已經沒有抱怨，覺得非常好。」甚至她覺得：「我不羨慕人生平順、沒有什麼波折的人；如果人生再來一次，我想我還是希望像這一生一樣，即使在血淚交織中，仍能完成人生的目標、對社會有所貢獻。我覺得這樣很好，人生平順，雖然是一個祝福，但我覺得火花不夠，或許太可惜了。」

很久以前，曾經有人問媽利這樣的問題：對妳而言，人生的目的是什麼？「我回答說，如果是爲了榮耀我自己，我會患得患失；如果是爲了榮耀別人，那我一定會要求對方要有所回饋；但如果是爲了榮耀上帝，就能超出所有的這些框架，而達到忘我的境界，這樣才能眞正地舒服、自在。所以，還是爲無窮盡的上帝而活吧！」媽利笑說。

對媽利而言，「信仰」是相當重要的支持力量。「信仰非常重要，因爲我們每個人的想法、能力還是有限，非常有限，我們沒辦法單靠自己跳出原有的有限及軟弱，所以必須依靠無限的上帝得到力量，超越自我的有限。」

眼前的媽利，仍然溫煦謙和，散發著像一朵波斯菊般，既柔弱又強韌的氣質。一路風雨，媽利的人生是無比艱辛、卻也無比豐富的，「如果我們無法超越過去的不幸，我們就看不到藍天白雲、以及路邊小花的美麗。」——這是媽利常常與別人分享的一句話，而這句看似平淡無奇的話，也許，要用一生的時間來細細體會、品味……。

林媽利年表

一九三八年　出生於宜蘭市。

一九四一年　因父親赴日習外科，舉家遷往日本福岡，與外公一家人同住。

一九四三年　父親赴中國東北行醫，舉家遷往長春。

一九四七年　舉家遷返台灣——父親的故鄉，高雄湖內的「圍仔內」。

一九五〇年　小學五年級時的「家變」，使愉快的童年提早結束。

一九五一年　自圍仔內的「文賢國小」畢業，進入有名的「淑女學校」——長榮女中，開始寄宿生活，並開始接觸鋼琴。

一九五二年　初二時，家搬到台南市。

一九五四年　自長榮女中畢業，在母親陪伴下到台北考高中，成爲「北二女中」（今日的中山女中）學生，也是班上唯一一個來自南部、不會說「國語」的學生。在北二女中時期，深受馳名國際的中國古典詩詞專家葉嘉瑩老師的啓發，愛上古典文學。

一九五七年　自北二女中畢業，考取高雄醫學院。

一九六一年　大四時罹患「再生不良性貧血」，休學半年。

一九六二年　大五時透過介紹與人訂下婚約，但不久即悔婚。

一九六四年　自高醫畢業，考取台大醫學院病理研究所。並開始在台大病理科工作、教學長達十六年的日子。

一九六七年　與第一任丈夫結婚，一年後做了媽媽。

一九六九年　因過度勞累罹患肺結核。在「迷失在屍臭與福馬林刺鼻味道裡」的日子，開始接觸免疫病理學。

一九七二年　帶著兩個孩子第一次赴美進修，一九七三年返台。

一九七八年　第二次赴美進修，仍然帶著孩子。

一九八一年　獨自返回台灣，進入馬偕醫院任職。無法做擅長的「血液病理」，接下了冷門的血庫工作。

一九八二年　罹患乳癌。

一九八三年　加入國際輸血學會，並開始長達二十年的革新台灣供輸血現況及協助衛生署（現衛福部）建立血液政策等工作。母親過世。

一九八四年　研究出最適合亞洲人的血液作業方式——MP法，並提出台灣不必做Rh篩檢主張。發現在華人世界首見的ABO亞血型——B_3血型。年底至隔年春天，展開第一次全台教學醫院血庫評鑑。花費近二十年的時間，逐步建立一套標準，促使全台醫院血庫作業步上軌道。並義務協助捐血中心，在社會上不斷宣導「無償捐血」觀念。

一九八五年　首次在台灣發現稀有血型的「亞孟買血型」。

一九八七年　成立「中華民國輸血學會」，長期爲台灣的血庫工作人員及醫師提供在職訓練課程。

一九八八年　開辦馬偕醫院的「親子鑑定」檢驗。

一九九〇年　赴瑞典（Lund, Sweden）參加第二屆國際單株抗體會議，發表只在黃種人出現、引起國際血型研究者震撼的新血型——Le（a+b+）血型。受邀參加中研院「台灣土著族群血緣關係」研究計畫，開始研究原住民血型，後來更進而由血型探究族群間親疏與來源，跨足偏向人類學的研究範疇。名登《世界名人錄》（Who's Who in the World），至今持續數十年。擔任台灣輸血學會會長（至一九九六年）。

一九九二年　捐血中心已能募捐到足供全台灣醫院使用的血，血牛絕跡。

結束第一段長達二十五年的「不適合的婚姻」。離婚後十個月，又生了一場莫名其妙、「人突然變笨、變遲鈍了」的怪病「失憶症」，一年多之後才好。

擔任國際輸血學會的理事（至一九九六年）。

一九九三年　開始組織抗原的研究，並在二〇〇一年研製出台灣的HLA組織抗原測定盤。

父親過世。

第三次赴中國，返台後發現罹患C型肝炎。

獲邀爲國際輸血學會血型專家小組一員。

一九九五年　與年少時即認識、曾獲得「醫療奉獻獎」的郭惠二先生結婚。

一九九八年　獲聯合國教科文組織推薦，成爲台灣第一位獲得「Helena Rubinstein 獎」提名的傑出女性科學家。獲邀擔任國際輸血學會MP法品質保證委員會主席。

一九九九年　主辦首次在台灣舉辦的國際輸血學會西太平洋區大會，並擔任主席，積極將台灣年輕學者帶上國際舞台。

二〇〇一年　發表關於「台灣人的來源」研究論文，引起兩岸熱烈回響與撻伐。

媽利的研究團隊自一九九一年發現稀有血型合併先天性白內障的家族，DNA研究找到國際上的第二十七個血型系統，同時也找到先天性白內障的基因。

與台灣文學界前輩鍾肇政同時獲頒台灣文化學院「榮譽博士」學位。

二〇〇三年　SARS相關研究引起世界矚目。

二〇〇四年　和日內瓦大學人類學教授Alicia Sanchez-Mazas於日內瓦共同主辦國際研討會：「從基因、語言及考古看東亞大陸及台灣島上人類的遷移」。

受邀加入國科會的「南島民族的來源及遷徙」大型研究計畫。

二〇一〇年　獲頒高醫第十四屆「學術類傑出校友獎」。

二〇一一年　擔任第二十二屆國際輸血學會西太平洋區名譽會長。

台灣首位國際輸血學會獎（ISBT Award）獲獎者。

榮獲台灣醫學會杜聰明博士紀念獎、巫永福文化評論獎。

二〇一五年　舉辦「如隱・隨行——林媽利醫師的彩繪科學人生特展」。

二〇一七年　獲NATPA北美洲台灣人教授協會第三屆「廖述宗教授紀念獎」。

獲立法院厚生基金會第二十七屆「醫療奉獻獎」。

國家圖書館出版品預行編目資料

林媽利醫師回憶錄 / 林媽利口述 ; 劉湘吟著.
-- 初版. -- 臺北市 : 前衛, 2017.09
272面 ; 15× 21公分

ISBN 978-957-801-825-9（平裝）

1. 林媽利　2.回憶錄

783.3886　106015004

林媽利醫師回憶錄

作　　者　林媽利口述／劉湘吟撰著
責任編輯　林雅雯
美術編輯　宸遠彩藝
封面設計　盧卡斯工作室
出 版 者　前衛出版社
　　　　　10468台北市中山區農安街153號4F之3
　　　　　Tel：02-2586-5708　Fax：02-2586-3758
　　　　　郵撥帳號：05625551
　　　　　e-mail：a4791@ms15.hinet.net
　　　　　http://www.avanguard.com.tw
出版總監　林文欽
法律顧問　南國春秋法律事務所
總 經 銷　紅螞蟻圖書有限公司
　　　　　11494台北市內湖區舊宗路二段121巷19號
　　　　　Tel：02-2795-3656　Fax：02-2795-4100
出版日期　2017年9月
定　　價　新台幣 300 元

Printed in Taiwan　ISBN 978-957-801-825-9